Louvores ETERNOS

Publicações Pão Diário

Louvores ETERNOS

52 DEVOCIONAIS, INSPIRADOS EM CANÇÕES, PARA MEDITAR E ADORAR A DEUS

MARA LIMA

Louvores eternos — 52 devocionais, inspirados em canções, para meditar e adorar a Deus
Mara Lima

Coordenação editorial: Adolfo A. Hickmann
Organização: Céfora Carvalho
Revisão: Adolfo Hickmann, Lozane Winter, Rita Rosário
Coordenação gráfica: Audrey Novac Ribeiro
Capa e diagramação: Audrey Novac Ribeiro
Fotos: Luana Caetano e Dayo Studio

Dados Internacionais de Catalogação na Publicação (CIP)

LIMA, Mara
Louvores eternos — 52 devocionais, inspirados em canções, para meditar e adorar a Deus
Curitiba/PR, Publicações Pão Diário

1. Vida cristã 2. Adoração 3. Espiritualidade 4. Ministério de louvor

PUBLICAÇÕES PÃO DIÁRIO
Caixa Postal 9740
82620-981 Curitiba/PR, Brasil
publicacoes@paodiario.org
www.publicacoespaodiario.com.br
Telefone: (41) 3257-4028

Código: S4240 • ISBN: 978-65-5350-618-3

1ª edição: 2024

Impresso no Brasil

SUMÁRIO

APRESENTAÇÃO

A música é uma das mais belas formas de adoração ao Senhor; ela tem a capacidade de nos unir por um mesmo propósito, mesmo estando fisicamente separados. Cada cântico é uma expressão profunda de fé e adoração, refletindo experiências que tocam o coração e elevam o espírito. Embora o ritmo influencie no sucesso das canções, não é exagero afirmar que são as letras que as fazem eternas, e por isso merecem muita atenção. Nesta obra, uma das maiores cantoras evangélicas do Brasil nos convida a relembrar cânticos gravados em diferentes momentos de sua trajetória, cuja mensagem transformadora segue reverberando em tantos corações.

Conhecido pelo tom grave e pelas mensagens impactantes, o repertório de Mara Lima marcou gerações. Suas canções são ouvidas em cultos e eventos evangelísticos, ou no secreto, em momentos de provação. As letras atemporais são verdadeiros louvores, pois nos convidam a adorar e exaltar o Senhor de diferentes formas. Nelas, somos convidados a nos oferecer como instrumentos nas mãos de Deus, como em *Vaso de alabastro* e *Santo lugar*; a refletir sobre o nosso papel enquanto arautos do evangelho de Cristo, como nos versos de *Valor de uma alma* e *Vai semeando*; e a confiar na fidelidade do Senhor ao relembrar de seus milagres e livramentos, descritos em *Daniel* e *Além da Medicina*.

O livro que você tem em mãos é uma parceria entre a excelência musical de Mara Lima e o compromisso com a Bíblia de Ministérios Pão Diário. Aqui você encontrará 52 cânticos que marcaram gerações, e que ainda hoje trazem algo novo para a caminhada cristã, sempre acompanhados de textos bíblicos para que você possa crescer em conhecimento enquanto louva. Os textos foram desenvolvidos a partir de comentários da própria cantora, que compartilhou histórias sobre o processo de composição das letras, e testemunhos como milagres e conversões, que presenciou em seu ministério.

A organização do conteúdo foi feita por Céfora Carvalho, que é jornalista, teóloga, coautora da *Teologia Sistemático-Carismática* (Thomas Nelson Brasil, 2022), e editora assistente em Ministérios Pão Diário. Durante várias semanas, Mara Lima e ela se reuniram para explorar os mais de 40 anos de ministério da cantora e desenvolver este material. Nosso desejo é que você seja tão abençoado em sua leitura quanto nós fomos durante esse processo. Que cada nota e cada verso o inspirem a buscar um relacionamento mais íntimo com o Senhor, encontrando consolo, esperança e renovação em Sua presença.

Dos editores de Ministérios Pão Diário

SOBRE A **AUTORA**

MARILEI DE SOUZA LIMA nasceu em 7 de janeiro de 1961, em Francisco Beltrão, sudoeste do Paraná. Filha do militar Constantino Lima dos Santos e da professora Tereza Nonato dos Santos, ela e os irmãos Ariel, Hamilton e Sirlei tiveram uma infância conturbada. Embora já demonstrasse habilidade musical desde pequena, o talento de Marilei acabou sufocado pelos traumas e violência doméstica, decorrentes da luta que seu pai travava contra o alcoolismo.

Foi só em 1975, com a mudança da família para Curitiba, que Mara — como ficou conhecida — veria sua vida mudar totalmente. Marcada pelos desafios dos dramas familiares e condição humilde, foi no evangelho que ela encontrou refúgio. Ao saber de sua história, o então amigo Gessé Lima a convidou para um culto. A jovem já tinha ouvido falar de Jesus, mas foi naquela noite que ela teve um encontro real com o Senhor e o aceitou como Salvador de sua vida.

A partir dali, Mara viu Deus restaurar sua história, a começar pela família. Gessé, o amigo que estava afastado da igreja na época, reconciliou-se naquela mesma ocasião, e poucos anos depois os dois se casaram. Juntos há mais de 40 anos, o casal tem duas filhas, Vanessa e Dayane, e quatro netos. Além de apresentar Jesus para a esposa, Gessé também teve um papel fundamental em seu ministério, que surgiu de forma natural pouco depois que ela se converteu.

Como sempre teve talento para a música, foi nessa área que Mara viu a oportunidade de adorar ao Senhor. Com voz mais grave do que as cantoras evangélicas de sucesso daquela época, ela começou cantando hinos da *Harpa Cristã* e de cantores como Oseias de Paula. Não demorou para que os convites para cantar em outras congregações começassem a chegar, tornando-a localmente conhecida, assim como os pedidos por um álbum de cânticos autorais.

Com muito esforço e oração, o LP *Além da Morte* foi lançado em 1982 e teve boa aceitação do público, projetando Mara Lima para todo o Brasil. Nos anos seguintes, a cantora viu seu ministério prosperar com seus 42 álbuns e quase 700 canções gravadas. Ela tornou-se conhecida internacionalmente e consagrou-se como um dos maiores nomes da música gospel brasileira, ganhando diversos discos de platina e fundando sua própria gravadora, a Louvor Eterno, que lançou cantores como Damares, Mattos Nascimento e Suellen Lima.

Após décadas de ministério, Mara foi surpreendida por um problema nas cordas vocais. Ela passou por quatro cirurgias na região para tentar se recuperar, mas uma fibrose, que a impede de alcançar notas altas e utilizar demais sua voz, obrigou-a a deixar de produzir novos álbuns. Formada em Teologia, atualmente, ela é deputada estadual pelo Paraná, mas a música continua sendo sua grande paixão. Adoradora por excelência, Mara Lima é um exemplo vivo do poder transformador do evangelho.

1

CAMINHOS

*Cria em mim, ó Deus,
um coração puro
e renova dentro
de mim um espírito
inabalável. Não me
lances fora da tua
presença, nem me
retires o teu Santo
Espírito.*

SALMO 51:10-11

CAMINHOS

Por caminhos que trilhei
Os meus pés feridos estão
E os ombros tão cansados
Com o peso da cruz

E as lágrimas insistem
E meu rosto vêm molhar
Só Tu, Jesus querido
É quem pode as enxugar

Não retires Teu Espírito
Do meu pobre coração
Se perder tudo na vida
Tua presença eu terei

E quando Tu voltares
Com os santos subirei
Muito além das estrelas
Eu então descansarei

Não retires Teu Espírito
Do meu pobre coração
Se perder tudo na vida
Tua presença eu terei

Se perder tudo na vida
Tua presença eu terei.

Com letra de Mara Lima, *Caminhos* faz parte do álbum Lágrimas de um Fiel, que foi lançado pela gravadora Louvor Eterno, em 1995.

A DOCE PRESENÇA DO SENHOR

Caminhos é uma letra minha, do meu coração, ela é muito pessoal. Eu a escrevi em um momento de impasse e muita perseguição, quando estava cansada de tanto viajar. As pessoas estavam me julgando bastante pelo crescimento da minha carreira. Elas diziam: "A Mara virou artista, não é mais adoradora", "Você viu a roupa que ela está usando?", "Olha como ela pintou as unhas", "Parece que tirou as pontas do cabelo".

Naquela época, essas questões eram muito rígidas e pesaram para mim, que estava ali cumprindo muitas agendas enquanto tinha filhos pequenos em casa. Eu estava esgotada e não queria me justificar em lugar algum, nós nem mesmo tínhamos muitos meios de comunicação como hoje, com as redes sociais, para fazer isso. Então um dia eu cheguei muito cansada de uma viagem e orei ao Senhor a letra desse cântico.

Sozinha, no meu quarto, eu senti todo o peso que vinha carregando e declarei: "Meu Deus, por todos esses caminhos que eu já trilhei, como eu estou cansada! Será que vale a pena viajar tanto? Será que vale a pena todo esse vai e vem? Todas essas críticas? A única coisa que eu não quero perder é a minha salvação. Posso perder tudo nesta vida: fama, dinheiro, reconhecimento, mas jamais posso perder a Tua presença".

O "tudo" que declarei poder perder aqui é como o "tudo" de Jó, que perdeu posses, família, tudo o que ele mais amava, mas jamais perdeu a fé. É uma oração forte, que se tornou poderosa para muitas pessoas. Durante a pandemia, uma senhora me contou que percebeu o peso dessas palavras diante da dificuldade e da perspectiva de perder a vida. E admito que até eu, quando perdi a minha voz, fui ministrada por esse cântico.

> Posso perder tudo nesta vida: fama, dinheiro, reconhecimento, mas jamais posso perder a Tua presença.

É natural perdermos coisas ao longo da vida, seja a saúde, entes, amigos e irmãos queridos, posses ou até mesmo o prestígio dos outros. O caminho é pesado, mas tudo isso é passageiro. Como filhos de Deus, Ele nos convida a declarar com esperança: mesmo que tudo me falte, eu ainda tenho o Espírito Santo em mim, eu ainda tenho Cristo; o meu Redentor vive, e um dia eu subirei com os santos e enfim descansarei!

Renda-se ao MESTRE

Medite nessa letra e preste atenção ao que está sendo declarado. ***Caminhos*** é uma oração de entrega que exige muita coragem para ser feita. Escute este cântico, cante esta oração e peça ao doce Espírito Santo para que você possa declará-la com toda a sinceridade. Diga, como o salmista: Senhor, "Não me lances fora da tua presença, nem me retires o teu Santo Espírito" (Salmo 51:11).

Aponte a câmera do seu celular para este QR Code e ouça a música ***Caminhos***. Deus vai falar ainda mais ao seu coração.

Minha oração

Minhas notas

2

CANTO UNIVERSAL

Aleluia!
Louve, ó minha alma,
o Senhor. Louvarei o
Senhor durante a
minha vida; cantarei
louvores ao meu Deus
enquanto eu viver.

SALMO 146:1-2

CANTO UNIVERSAL (ALELUIA)

Aleluia

Este é o canto universal do amor
Quando na manjedoura Deus nos visitou
Trouxe a mensagem de poder e libertação
Venceu a morte e ressuscitou

Aleluia

Todos os mortais louvam ao Rei Jesus
Digno é o Cordeiro de todo louvor
Haverá em frente ao trono uma grande multidão
Todas as nações cantando ao Rei dos reis

Aleluia!

Com letra de Hugo, ***Canto universal*** faz parte do álbum *Valor de uma alma*, que foi lançado pela gravadora Som e Louvores, em 1989.

O REI DOS REIS
E SENHOR DOS SENHORES

O *Canto universal* chegou para mim pouco tempo depois de ser escrito. A letra desse cântico surgiu de forma quase espontânea. Ela foi escrita na hora do culto, conforme as pessoas iam cantando; e então Deus encheu aquela igreja com a presença dele. Eu não estava naquela ocasião. Quando fui gravar minha versão, senti algo muito forte; havia um verdadeiro mover espiritual naquele estúdio, o que para mim confirmou o testemunho.

Esse cântico tem uma letra muito simples e curta, mas traz a essência do louvor a Deus, da adoração ao Rei Jesus. Ele enaltece ao Senhor, diferentemente de muitas canções atuais que são voltadas para o homem, para o adorador, ou para algo que queremos pedir. No *Canto universal* começamos declarando "aleluia", da mesma forma que os anjos. Nele, declaramos que a mensagem do nosso Salvador é poderosa e libertadora.

Creio que isso é o que torna esse tipo de louvor atemporal, pois quantas pessoas estão oprimidas, com depressão e sofrendo nos dias de hoje? Quantas notícias de mortes e catástrofes chegam e nos deixam desesperançosos? Mas, quando conseguimos cantar algo assim dentro das igrejas, ou em qualquer outro lugar, declaramos que há poder e libertação no nome de Jesus, e somente nele. O louvor com essência liberta!

Aqui começamos falando do nascimento de Jesus, que trouxe esperança; depois, da esperança que ainda temos, de que um dia estaremos diante do trono do Senhor, adorando ao Rei dos reis. Sempre que ministro esse cântico, digo que ele é uma preparação para o que vamos entoar naquele dia e peço que a igreja cante comigo, pois é assim que será: "Aleluia, aleluia, aleluia!", de eternidade em eternidade.

Essa letra foi escrita diante de um poderoso mover do Espírito Santo. Apesar de já ser antiga, sempre que eu a canto, percebo o ambiente mudar. Por isso, sinto-me muito abençoada por tê-la gravado. Que possamos cantar mais louvores assim, que sejam cristocêntricos e que nos levem a sentir o toque do Espírito Santo. Ele é quem muda tudo ao nosso redor, seja na igreja, durante um culto, ou em casa, enquanto fazemos um devocional.

> Há poder e libertação no nome de Jesus.

Acalme seu CORAÇÃO

Escute o ***Canto universal*** e leia novamente a letra. Medite nela e creia que, pela graça de Deus, essa adoração tão simples pode mudar o ambiente onde você está. Reserve um tempo em sua rotina para escutá-la em casa, no trabalho ou até mesmo na faculdade. Acalme seu coração, diante do Todo-Poderoso Senhor, enquanto declara: "Aleluia, Ele venceu a morte e ressuscitou!", "Aleluia, digno é o Cordeiro de todo louvor!".

Aponte a câmera do seu celular para este QR Code e ouça a música ***Canto universal (Aleluia)***. Deus vai falar ainda mais ao seu coração.

Minha oração

Minhas notas

3

ALÉM DA MEDICINA

Eu sou a ressurreição e a vida. Quem crê em mim, ainda que morra, viverá. E todo o que vive e crê em mim não morrerá eternamente. Você crê nisto?

JOÃO 11:25-26

ALÉM DA MEDICINA

A dor de procurar e não achar uma saída
É tão sofrido ver alguém perder a vida
O desespero toma conta do coração

A dor de se chamar a petição não respondida
De esperar e ver a vida destruída
E concluir que não existe mais o que fazer

Mas Ele vem aí e vem para decidir
Se o teu caso está perdido, Ele faz o impossível
Pois Ele tem poder, Ele te faz vencer
Sim, Ele é o teu amigo, o Seu nome é Jesus Cristo

Sim, foi Ele quem apareceu
Depois de quatro dias que Lázaro morreu
Naquela tumba fria já não existia
Uma esperança, uma solução

Sim, foi Ele mesmo quem falou
Que Ele é a Vida e a Ressurreição
Quando Ele disse: Lázaro, sai para fora
Ele surpreendeu aquela multidão

Ele vai além da medicina
Quando Ele estende a Sua mão
Quando já não tem saída
Quando a morte vence a vida
Ele ainda tem a solução

Ele ainda tem a solução.

Com letra de Roberto Carlos Leite, ***Além da medicina*** faz parte do álbum *Poderoso e Tremendo*, que foi lançado pela gravadora Louvor Eterno, em 2002.

A CURA DA ALMA

Todos nós passamos por situações em que pensamos não haver mais saída ou solução. Surge então o desespero, e muitas pessoas deixam de crer, pois pensam que Deus não está ouvindo as orações e súplicas delas e que a resposta está demorando demais. Esse cântico fala exatamente disso. Ele é uma composição de cura não somente física, mas também espiritual. Ele é para quem precisa de uma verdadeira cura de alma.

A Palavra de Deus nos conta sobre muitas ocasiões em que pessoas se sentiram assim. Aqui mencionamos a morte de Lázaro. Todos já haviam perdido a esperança e diziam não ter mais jeito, afinal, ele estava morto! Mas Aquele que é a Vida e a Ressurreição surpreendeu a multidão quando chamou Seu amigo para fora, e Lázaro obedeceu ao Seu chamado. Eles acharam que Jesus havia se atrasado, porém Ele chegou no tempo certo.

Embora seja difícil, nos momentos de desespero, precisamos nos lembrar de que Deus tem um propósito para tudo. Ele tem planos para a nossa vida e tudo acontecerá no tempo certo *dele*. É justamente quando um médico ou qualquer outra pessoa diz que não tem mais jeito que o Senhor entra em ação, pois Ele é o Médico dos médicos, Aquele que realizou e ainda realiza milagres e maravilhas. Todos nós somos testemunhas disso.

Um relato de cura que marcou esse cântico para mim aconteceu em Piracicaba/SP. Eu estava em uma das muitas cruzadas evangelísticas que participei, *Além da Medicina* tinha acabado de ser lançado e eu o cantei diversas vezes naquela ocasião. Algum tempo depois, um pastor nos procurou para contar que um rapaz tinha sido totalmente curado da AIDS, doença que ainda não era tratável na época, naquele evento.

> Nos momentos de desespero, precisamos nos lembrar de que Deus tem um propósito para tudo.

Esse é apenas um entre muitos milagres que já tive a oportunidade de testemunhar em minha caminhada cristã. Já vi uma senhora ser curada da lepra e muitos já me ligaram para contar que estavam com parentes no hospital, às vezes até na UTI, desenganados pelos médicos, mas entoaram essa letra com fé e puderam ver o poderoso agir de Deus na vida daquelas pessoas. Não importa qual seja a doença, o Senhor ainda pode curar!

Deus tem a SOLUÇÃO

Convido você a apresentar suas causas impossíveis ao Senhor e confiar que Ele ainda tem a solução. Escute esse cântico, medite nessa letra e compartilhe com alguém que também precisa ser renovado por essa palavra de esperança. Talvez você, ou alguém próximo, esteja enfrentando uma doença física, emocional, ou sofrendo por alguém que foi desenganado. Lembre-se de que Deus vai ***Além da Medicina***!

Aponte a câmera do seu celular para este QR Code e ouça a música ***Além da Medicina***. Deus vai falar ainda mais ao seu coração.

Minha oração

Minhas notas

4

A VITÓRIA ELE JÁ GANHOU

No mundo,
vocês passam
por aflições; mas
tenham coragem:
eu venci o mundo.

JOÃO 16:33

A VITÓRIA ELE JÁ GANHOU

Uma dor que não se acaba, uma lágrima que rola
E você aí, procurando um jeito para ser feliz
Enganando o coração, procurando distração
Em coisas que se passam de repente

Mas eu quero te dizer
Que Jesus é a saída para você
Tua vitória Ele já ganhou
Lá na cruz morreu em teu lugar

Ficar aí sofrendo para quê?
Se existe alguém que ama você
E só quer poder te ajudar

Ficar aí sofrendo para quê?
Se existe alguém que ama você
E só quer poder te ajudar

Tua vida agora vai melhorar
Esse sofrimento vai acabar
Em tua vida vai brilhar esta luz
A vitória está nas mãos de Jesus.

Com letra de Nilton Cezar, ***A vitória Ele já ganhou*** faz parte do álbum *Mais que um sonho*, que foi lançado pela gravadora Louvor Eterno, em 2000.

CRISTO É A RESPOSTA

O que tem afligido você? Onde você tem buscado a sua felicidade? Muitas vezes, em meio à angústia, procuramos caminhos que possam nos trazer consolo. Algumas pessoas buscam encontrá-lo na religiosidade; outras apelam para os prazeres desse mundo e, sem perceber, deixam a única e verdadeira saída de lado. Apenas quando já esgotaram todas as opções enganadoras e passageiras, recorrem a Jesus.

Esse cântico nos convida a refletir sobre isso. Na época do lançamento, ele foi uma inovação no meu ministério, pois eu cantava um estilo diferente, e essa é uma melodia alegre, que traz elementos da música *pop* e caiu no agrado dos musicistas e da juventude da época. Esse é justamente o público que precisa ouvir essa mensagem, pois está engajado de forma mais intensa nessa busca por propósito e felicidade.

Mesmo os mais velhos também estão muito suscetíveis a distrair-se com coisas passageiras, que não são de fato importantes, e precisam de uma letra como essa que nos lembre de focar no que é verdadeiro. Precisamos nos lembrar, em todos os momentos, de quão valioso é adorar a Deus, viver com Cristo e receber, mesmo diante das adversidades, a felicidade de quem anda lado a lado com Ele.

Embora esse seja um cântico encorajador, não é autocentrado. Sou um pouco crítica e acho que toda música que nos enaltece demais perde o sentido de louvor. Então, por mais que *A vitória Ele já ganhou* traga uma palavra de conforto e esperança, ela não exalta o ouvinte, mas Cristo, o dono de toda essa felicidade que declaramos já estar disponível para nós. Afinal, foi Ele quem pagou o preço por nossa vitória.

> A saída existe e está ao nosso alcance: Jesus Cristo!

Uma das minhas partes preferidas é a que pergunta: "Ficar aí sofrendo para quê?", pois ela nos lembra que esse tipo de agonia na busca pela felicidade é uma decisão errada que tomamos quando estamos distraídos e enganando o nosso coração com coisas supérfluas. A saída existe e está ao nosso alcance: Jesus Cristo! Basta decidirmos aceitá-lo para que possamos viver de forma mais leve, satisfatória e feliz.

Apresente a Ele as suas AFLIÇÕES

Convido você a identificar o que tem tirado o seu foco de Cristo e angustiado o seu coração. Entregue todas essas distrações ao Senhor. Reflita nesse cântico, declare com fé que ***A vitória Ele já ganhou*** e lembre-se de Suas palavras encorajadoras: "No mundo, vocês passam por aflições; mas tenham coragem: eu venci o mundo" (João 16:33). Porque Ele venceu, nós também somos mais que vencedores!

Aponte a câmera do seu celular para este QR Code e ouça a música ***A vitória Ele já ganhou***. Deus vai falar ainda mais ao seu coração.

Minha oração

Minhas notas

5

DANIEL

*Porque ele é o Deus vivo
e que permanece
para sempre. O seu reino
não será destruído,
e o seu domínio não terá
fim. Ele livra, salva,
e faz sinais e maravilhas no
céu e na terra. Foi ele
quem livrou Daniel do
poder dos leões.*

DANIEL 6:26-27

DANIEL

Fala, Daniel, o que aconteceu?
Eu tenho uma cova para entrar
Conta, Daniel, o que vais fazer?
Eu também não sei, o jeito é só orar

Se eu orar, o céu vai mover
Se eu orar, Deus vai responder
Se eu orar, Deus vai agir
Vai entrar na cova e o leão vai dormir

Durante aquela noite, o rei não descansou
Por causa de Daniel, até os músicos dispensou
A população pensou: Vamos ver
Daniel na cova, moído, morrer

Se eu orar, o céu vai mover
Se eu orar, Deus vai responder
Se eu orar, Deus vai agir
Vai entrar na cova, e o leão vai dormir

Daniel caiu na cova, o povo se espantou
Passaram horas e minutos,
nenhum grito se escutou
De manhã bem cedinho, o rei foi lá para ver
Voltou maravilhado, com Daniel a dizer

Naquela noite, eu pude ver
A presença de Deus a me envolver
Em cada volta que o leão dava em mim
Eu ouvia uma voz me falando assim

Calma, Daniel, Eu sou o Senhor
Não tenha medo, não, o leão me escutou
Eu ordenei a ele para que fosse se deitar
Durante esta prova o leão vai jejuar

Calma, Daniel, Eu estou aqui
Se você tiver com sono, Daniel, pode dormir
Aí tem travesseiro, deita em cima do leão
Durante aquela noite foi só glória e unção
Foi o Senhor Jesus que estava lá.

Com letra de Raquel Silva, *Daniel* faz parte do álbum *Presença de Deus*, que foi lançado pela gravadora Louvor Eterno, em 2006.

ORE, CONFIE E PERMITA QUE DEUS AJA

Quando esse cântico chegou para mim, eu estava pedindo ao Senhor algo que fosse diferente de tudo o que eu já tinha gravado, mas mantivesse minha essência e tocasse o coração das pessoas. *Daniel* veio em uma fita cassete, que coloquei para tocar no meu carro. Conforme a letra começou a ser entoada, o Espírito Santo me encheu de uma forma tão poderosa que precisei parar na beira da estrada para adorá-lo.

Precisamos valorizar esses momentos cotidianos em que o Senhor vem falar conosco. Há dias em que estamos incomodados e não entendemos se é fome, sede ou outra necessidade, mas é a falta da comunhão com Ele, que anseia pela nossa adoração. Nessas oportunidades, mesmo fora de casa ou da igreja, e em meio a atividades comuns, podemos cantar uma bela canção e sermos cheios do Espírito Santo!

A história de Daniel é muito conhecida e talvez essa familiaridade nos faça ignorar detalhes importantes, não percebendo a verdadeira extensão da fé daquele homem. Ele estava encarando a morte, animais selvagens o rodeavam e, mesmo assim, ele manteve a fé e a calma. Esse cântico faz algumas conjecturas desse momento e imagina Daniel declarando com convicção que, se orasse, o Senhor agiria em seu favor.

Alguém pode se perguntar por que Deus não livrou Daniel de entrar na cova, já que isso o pouparia de tanto sofrimento. Mas Ele preferiu realizar um milagre maior, fazendo com que aqueles leões se acalmassem e perdessem totalmente o apetite, ficando mansos como animais de estimação. Isso nos ensina que o nosso Pai sabe de todas as coisas e, se permitiu que entrássemos em uma cova, é porque nos livrará dela.

Fico imaginando como foi aquela noite para Daniel. A letra que canto ilustra ele ouvindo a voz do Senhor, certamente muito suave, dizendo: "Calma, Eu sou o Senhor, Eu estou aqui e nada de mal vai acontecer com você", mas isso só aconteceu porque Daniel se aquietou. Às vezes, em meio às dificuldades, tudo o que precisamos fazer para ouvir a voz de Deus é ficar em silêncio e confiar, pois Ele tudo ouve e tudo vê.

Tudo o que precisamos fazer para ouvir a voz de Deus é ficar em silêncio e confiar.

Aquiete-se no SENHOR

O mesmo Jesus que estava naquela cova cheia de leões está com você agora, enquanto você faz esta leitura. Medite na letra de ***Daniel*** e faça com que o seu momento de angústia se transforme em tempo de unção e glória. Descanse, mesmo em meio às lutas, sabendo que Aquele que o protege "não dormita, nem dorme" e, certamente, "guardará você de todo mal" (Salmo 121:4,7).

Aponte a câmera do seu celular para este QR Code e ouça a música ***Daniel***. Deus vai falar ainda mais ao seu coração.

Minha oração

Minhas notas

6

ESPÍRITO SANTO

Ao cumprir-se o dia de Pentecostes, estavam todos reunidos no mesmo lugar. De repente, veio do céu um som, como de um vento impetuoso, e encheu toda a casa onde estavam sentados. E apareceram, distribuídas entre eles, línguas, como de fogo, as quais pousaram sobre cada um deles.

ATOS 2:1-3

ESPÍRITO SANTO

Eu navegarei no oceano do Espírito
E ali adorarei ao Deus do meu amor
Eu navegarei no oceano do Espírito
E ali adorarei ao Deus do meu amor

Espírito, Espírito
Que desce como fogo
Em som de Pentecostes
E encha-me de novo

Espírito, Espírito
Que desce como fogo
Em som de Pentecostes
E encha-me de novo

Eu adorarei ao Deus da minha vida
Que tanto me amou, sem nenhuma explicação
Eu adorarei ao Deus da minha vida
Que tanto me amou, sem nenhuma explicação

Espírito, Espírito
Que desce como fogo
Em som de Pentecostes
E encha-me de novo

Espírito, Espírito
Espírito, Espírito.

Com letra de Azmaveth Carneiro Silva, essa versão adaptada de *Espírito Santo* faz parte do álbum *Grão de areia*, que foi lançado pela gravadora Som e Louvores, em 1988.

VEM NOS ENCHER!

Quando o Azmaveth Carneiro Silva escreveu esse cântico, o meio *gospel* era muito diferente aqui no país. Não existiam muitas músicas evangélicas nesse estilo de adoração, pois os louvores assemelhavam-se mais ao sertanejo clássico ou tradicional. Então ele foi um dos pioneiros no Brasil, não só com esse cântico, mas com muitos outros. *Espírito Santo* acabou se tornando um verdadeiro clássico do *gospel* brasileiro.

Esse é um cântico de recepção, que convida o Espírito Santo a vir até nós como se declarasse: "Vem, Senhor! Habita em mim, pois eu te anseio!", e se dedica a engrandecer essa poderosa presença em todos os versos. Ele promove muito quebrantamento, o que é imprescindível, pois o Espírito é muito sensível e educado. É preciso estar com o coração verdadeiramente entregue e à disposição dele para que Ele venha habitá-lo.

Creio que uma das coisas que se destacam nessa letra é o que está logo no início: "adorarei ao Deus do meu amor". Isso nos leva a refletir sobre qual tem sido a dimensão do nosso amor para com o Senhor, sobre o lugar que Ele tem ocupado em nossa vida cotidiana e em nosso culto. Como pentecostal, essa é uma questão muito importante para mim, mas, na verdade, qualquer cristão deveria refletir sobre isso.

Sinto que em muitos lugares os cultos parecem não ter mais espaço para o Espírito Santo. São tantas apresentações e formalidades que Ele fica com espaço e tempo limitados para atuar, como se não fosse bem-vindo. Esse é um grande perigo e não só para as igrejas pentecostais. Quando tiramos a presença de Deus de um culto, tiramos a essência e propósito daquele momento, que é adorar ao Senhor e aproximar-se dele.

> "Vem, Senhor! Habita em mim, pois eu te anseio!"

Apesar da letra simples, *Espírito Santo* afirma todas essas realidades e nuances. Ao pedir que o Espírito nos encha "de novo" e desça como fogo, assim como no Pentecostes de Atos 2, reconhecemos que essa é uma busca diária. Nós já fomos cheios, mas precisamos que Ele continue nos enchendo todos os dias, reavivando nossa alma, quebrantando o nosso coração e levando nossa adoração ao Pai.

Enche-me, SENHOR

Convido você a fazer desse cântico a sua oração. Ofereça o seu melhor culto ao Senhor e peça que o *Espírito Santo* venha enchê-lo novamente, reconhecendo que sem Ele não somos nada e nem mesmo podemos fazer com que nossa adoração chegue ao trono celestial. Que você navegue no oceano do Espírito e que Ele venha como um vento impetuoso encher a sua casa (veja Atos 2:2)!

Aponte a câmera do seu celular para este QR Code e ouça a música ***Espírito Santo***. Deus vai falar ainda mais ao seu coração.

Minha oração

Minhas notas

7

GRANDIOSO ÉS TU

Bendiga,
minha alma,
o Senhor! Senhor,
Deus meu, como
tu és grandioso!

SALMO 104:1

GRANDIOSO ÉS TU

Senhor, meu Deus, quando eu maravilhado
Fico a pensar em Seu grandioso ser
Vejo a tormenta e o céu estrelado
A proclamar ao mundo o Teu poder

Então minha alma canta a ti, Senhor
Grandioso és Tu, grandioso és Tu
Então minha alma canta a ti, Senhor
Grandioso és Tu, grandioso és Tu

E quando enfim ao céu eu for subindo
Contemplarei a face do meu Rei
Adorarei com meu amor infindo
A quem por mim mostrou tão grande amor

Então minha alma canta a ti, Senhor
Grandioso és Tu, grandioso és Tu
Então minha alma canta a ti, Senhor
Grandioso és Tu, grandioso és Tu.

Com letra original de Stuart K. Hine, essa versão adaptada de *Grandioso és Tu* faz parte do álbum *Recordações (Vol.2)*, que foi lançado pela gravadora Louvor Eterno, em 1999.

A ADORAÇÃO QUE VEM DA ALMA

Reconhecer a grandeza do Senhor é mais do que declamar isso em alto e bom som. Vivemos um momento em que ser evangélico ou cristão está em alta. Qualquer artista ou pessoa pública gosta de declarar que crê em Deus, mas esse reconhecimento vai muito além das palavras. É preciso sacrificar coisas, mortificar a carne, renunciar ao pecado. Nascer de novo é declarar com toda a nossa alma o quanto Ele é grande.

Depois de anos de ministério, eu queria gravar hinos clássicos que marcaram a história do cristianismo e *Grandioso és Tu* foi escolhido por nos levar a enaltecer ao Senhor com todo o nosso ser. Como boa parte dos hinos antigos, que tinham letras mais focadas no Senhor e menos em nós mesmos, ele nos leva a refletir sobre o quão pequenos somos diante desse Deus que é tão poderoso e absoluto em tudo.

O diferencial dessa adoração está em declarar que é a nossa alma que canta e afirma a grandeza do Senhor. Não dizemos isso da boca para fora, mas todo o nosso ser entoa essa verdade com convicção. Nessa letra, dizemos que estamos maravilhados com essa grandiosidade e identificamos, na criação e na natureza, aqui representadas pela tormenta e pelo céu estrelado, a proclamação de tão imenso poder divino.

Por fim, a segunda estrofe dessa versão de *Grandioso és Tu* aponta para o futuro, mas também fala sobre algo que podemos fazer agora, que é adorar com amor eterno. Uma das formas mais singelas e verdadeiras de reconhecermos quão grande é o nosso Deus é esta: adorá-lo com todo o nosso zelo e dedicação, agradecendo o amor que Ele demostra ter por nós. Deus se agrada quando Seus filhos fazem isso.

Um dia, veremos o Senhor face a face. Enquanto esse momento não chega, que possamos seguir firmes como adoradores, reconhecendo Sua grandeza e sacrifício amoroso. Tenho plena convicção de que foi para isso que fomos criados. Quando adoramos com toda a nossa alma, grandes coisas acontecem, pois Deus se agrada e abençoa não apenas a nós mesmos, mas também a nossa casa e família.

Que possamos seguir firmes como adoradores, reconhecendo Sua grandeza e sacrifício amoroso.

Quebranta-me, SENHOR

Entoe esse hino de forma diferente, prestando de fato atenção em cada frase que é declarada. Traga à memória os milagres e livramentos que você já testemunhou e peça ao Espírito Santo que toda a sua alma esteja quebrantada enquanto você declara como o salmista: "Bendiga, minha alma, o SENHOR! SENHOR, Deus meu, como tu és grandioso!" (Salmo 104:1).

Aponte a câmera do seu celular para este QR Code e ouça a música ***Grandioso és Tu***. Deus vai falar ainda mais ao seu coração.

Minha oração

Minhas notas

8

IN MEMORIAM

Bem-aventurados
são vocês quando,
por minha causa,
os insultarem e os
perseguirem, e,
mentindo, disserem
todo mal contra
vocês. Alegrem-se
e exultem, porque
é grande a sua
recompensa nos
céus; pois assim
perseguiram os
profetas que viveram
antes de vocês.

MATEUS 5:11-12

IN MEMORIAM

Sempre vou lembrar da coragem, do amor
Da firmeza e vontade, da fé e devoção
Da igreja do tempo de Paulo, de Pedro e João
Que enfrentaram a fúria de Roma
Mas nunca negaram sua fé de cristãos
É um exemplo para mim, verdadeira lição

Eu queria ver a bravura dos santos
Em plena arena enfrentando os leões
Quanto mais a fogueira queimava
Mais se ouvia o louvor dos nossos irmãos
Sob o sangue, tombavam nas ruas
Chegavam no céu com a vitória nas mãos
É um exemplo para mim, verdadeira lição

Ó, meu Deus
Reaviva Tua Igreja de novo
Faz a chama arder neste povo
Como foram os primeiros cristãos

Ó, meu Deus
Reaviva Tua Igreja de novo
Faz a chama arder neste povo
Começando em meu coração.

Com letra de Elizeu Gomes, *In memoriam* faz parte do álbum *O preço mais alto*, que foi lançado pela gravadora Louvor Eterno, em 1993.

OUSADOS E CORAJOSOS

Esse cântico foi um presente do pastor Elizeu Gomes para mim e marcou uma inovação na minha caminhada musical devido ao tema dos grandes mártires da Igreja que deram a vida pelo evangelho, assunto que até hoje não é muito abordado nos louvores. *In memoriam* nos relembra o amor, a dedicação e a bravura desses homens e mulheres de Deus que não hesitaram em defender a fé e enfrentaram dificuldades inimagináveis.

O exemplo deles nos motiva hoje, quando também vivemos momentos complicados. A oposição não é violenta como antes, mas existe, levando muitos cristãos a terem medo de se posicionar. Sinto um pouco disso na pele, pois muitas vezes enfrento resistência apenas por ser uma parlamentar declaradamente cristã e sei que, assim como eu, muitos outros também são malvistos em seus ambientes de trabalho só por sua fé.

A fúria contra o povo de Deus continua, mas precisamos olhar para os mártires, para aqueles que enfrentaram leões, fogueiras e perseguições, e mesmo assim não se envergonharam de declarar que criam em Jesus. Precisamos ter essa mesma postura hoje, a coragem de dizer: "Lamento por quem não gosta, pois sim, eu sou cristão!". Mas, *In memoriam* não para por aí, ele também pede que Deus reavive a Igreja novamente.

A ousadia e a coragem para enfrentar as retaliações não vêm de nós, mas do Senhor. Entretanto, sinto que não temos tido muito interesse por buscar fortalecimento. Oramos pedindo coisas, bens materiais, bênçãos, mas são poucos os cultos em que dedicamos horas inteiras de oração para pedir por um reavivamento, para que o Espírito Santo faça Sua chama divinal arder em nossos corações mais uma vez.

A ousadia e a coragem para enfrentar as retaliações não vêm de nós, mas do Senhor.

Coisas terríveis nos aguardam. Não falo isso em tom de alarmismo, mas apenas como um fato, pois vivemos em uma realidade decaída e que tende a piorar conforme o tempo passa. Como cristãos, precisamos estar prontos para enfrentar a fúria do inimigo. Os mártires resistiram porque estavam fortalecidos em Deus e vestiam uma armadura espiritual, e nós só poderemos ser como eles se também fizermos isso.

Reaviva a Tua Igreja, SENHOR

Entoe esse cântico e peça
por um reavivamento. Sabemos
que muitos dardos inflamados
são lançados contra a Igreja.
Que possamos nos manter firmes
na fé, como Paulo, Pedro, João,
Barnabé, Tiago e tantos outros que
morreram declarando que Jesus
salva, cura, batiza e, em breve,
voltará. Peça com fé:
"Senhor, manda um reavivamento
à Tua Igreja, começando pelo
meu coração!".

Aponte a câmera do seu celular para este QR Code e ouça a música ***In memoriam***. Deus vai falar ainda mais ao seu coração.

Minha oração

Minhas notas

9

PORQUE ELE VIVE

Deus ressuscitou
o Senhor e também
nos ressuscitará
pelo seu poder.

1 CORÍNTIOS 6:14

PORQUE ELE VIVE

Deus enviou Seu filho amado
Para salvar e perdoar
Na cruz morreu por meus pecados
Mas ressurgiu e vivo com o Pai está

Porque Ele vive, posso crer no amanhã
Porque Ele vive, temor não há
Mas eu bem sei, eu sei que a minha vida
Está nas mãos do meu Jesus, que vivo está

E quando, enfim, chegar a hora
Em que a morte enfrentarei
Sem medo, então, terei vitória
Verei na glória o meu Jesus, que vivo está

Porque Ele vive, posso crer no amanhã
Porque Ele vive, temor não há
Mas eu bem sei, eu sei que a minha vida
Está nas mãos do meu Jesus, que vivo está.

Com letra original de Bill & Gloria Gaither, essa versão adaptada de *Porque Ele vive* faz parte do álbum *Recordações (Vol.2)*, que foi lançado pela gravadora Louvor Eterno, em 1999.

CREMOS NA VIDA ETERNA

Sempre gostei de cantar os hinos da *Harpa Cristã* e de cantores como o Oseias de Paula, que combinavam com o meu timbre, mas era preciso trazer cânticos novos para ser uma cantora respeitada. Então, depois de anos de ministério e um vasto repertório, eu finalmente tive a liberdade de gravar os clássicos que falam ao meu coração. Foi assim que surgiu o projeto *Recordações* e a minha versão de *Porque Ele vive*.

Essa letra é sensacional! Creio que muitas vezes ignoramos o evangelismo inteligente que ela promove. Sua mensagem é rápida, direta, clara e atinge os corações como uma flecha. Sempre optei por hinos evangelísticos porque entendo que, nas ocasiões em que eu canto, geralmente há muitos visitantes, pessoas de fora da igreja, não cristãs ou afastadas, que vão àquele evento e assim têm a oportunidade de ouvir o evangelho.

Quando começo contando que Deus enviou Seu Filho amado, estou informando isso para alguém que talvez ainda não saiba ou não tenha certeza desse fato. Sim, o Senhor enviou o Seu único Filho e escute mais: Ele veio para salvar e perdoar todos os que precisam da graça de Deus, e morreu em uma cruz por nossos pecados. Mas ei, não se preocupe! Já lhe digo, sem rodeios, que Ele ressurgiu e agora está vivo com o Pai!

Depois de apontar para o Senhor, o hino se volta para nós, justamente para o tempo crucial que chegará para todos: a morte. Mesmo naquele momento, que costuma assustar muitas pessoas por ser inevitável, o crente em Jesus Cristo, que crê na morte de cruz, sabe que terá vitória. Pois se o nosso Salvador vive e garantiu salvação para nós, podemos descansar e crer no amanhã sem sentir qualquer tipo de medo.

> Ele veio para salvar e perdoar todos os que precisam da graça de Deus, e morreu em uma cruz por nossos pecados.

Essa pregação simples e sem rodeios é como a nossa evangelização deveria ser, pois o evangelho não é complicado. Certamente a oratória e o conhecimento são importantes, mas perceba como a letra desse hino não utiliza palavras difíceis ou inacessíveis para o povo. Ela consegue transmitir todo o plano divino de salvação. *Porque Ele vive* prega um evangelho simples e de muito valor.

Para COMPARTILHAR

Convido você a compartilhar essa, que é uma das mais belas canções cristãs, com alguém que ainda precisa ser alcançado pelo evangelho, seja um amigo, vizinho ou familiar querido. Declare que Cristo morreu e garantiu a vida eterna para nós, por meio do supremo sacrifício dele. Agora Ele vive, e não precisamos temer o futuro. Glória a Deus!

Aponte a câmera do seu celular para este QR Code e ouça a música ***Porque Ele vive***. Deus vai falar ainda mais ao seu coração.

Minha oração

Minhas notas

10

ROSA VERMELHA

Eu sou a
rosa de Sarom,
o lírio dos vales.

CÂNTICO DOS CÂNTICOS 2:1

ROSA VERMELHA

Olhando este mundo, Ele viu grande multidão
Andando sozinha, sem nada na mão
Sua vida foi Rosa vermelha cravada na cruz
Quem passou por Ele, sentiu compaixão

A Rosa murchando, sangrando, esvaindo em dor
Perdendo a cor, sem respiração
Mas o Seu perfume se apega à mão que a esmagou
E quem a feriu, concedeu perdão

Agora Seu sangue vertendo caindo no chão
Três dias morrendo, ó vil solidão
No terceiro dia o mundo encheu-se de flores
E a Rosa vermelha de novo brotou

Jesus é o Lírio dos vales, Rosa de Sarom
Até Seus espinhos são marcas de amor
E agora Ele vive a plantar um grande jardim
Se você quiser, será uma flor, uma flor.

Com letra de Isabel Pacheco, *Rosa vermelha* faz parte do álbum *Além da morte*, que foi lançado pela gravadora Som e Louvores, em 1982.

A COMPAIXÃO DE CRISTO

Rosa vermelha é um desses cânticos que nos leva a sentir a angústia enfrentada por Cristo na cruz, bem como os demais sentimentos que o atingiram antes de Ele entregar Seu espírito por nós (VEJA MATEUS 27:50). Quando viu as multidões, Ele "se compadeceu delas, porque estavam aflitas e exaustas como ovelhas que não têm pastor" (MATEUS 9:36). O povo estava andando sozinho, sem direção e em extrema pobreza, tanto espiritual quanto material.

A compaixão que o Mestre sentiu por aquelas pessoas, cuja situação deplorável representa o estado de toda a humanidade pecadora, levou-o a entregar-se no lugar delas, dando Sua vida naquela rude cruz e permitindo que Seu corpo fosse esmagado como as frágeis pétalas de uma rosa. A representação de uma flor sendo cravada no madeiro nos ajuda a visualizar a truculência de tal sacrifício.

A comparação de Cristo com uma flor pode causar certo estranhamento inicial, mas basta um olhar atento para perceber que ela é adequada e muito bíblica, afinal, Ele é "...a rosa de Sarom, o lírio dos vales" (CÂNTICO DOS CÂNTICOS 2:1). Foi a partir dessa metáfora, figura de linguagem muito utilizada pelos salmistas para falar de Deus (VEJA SALMO 17:8; 91:4; 61:4), que Isabel Pacheco escreveu a letra desse cântico.

No Gólgota, o amado Lírio murchou, padeceu e viu a vida esvair-se, enquanto perdia a respiração e vertia Seu sangue carmesim por nós. Mesmo assim, o Seu perfume se apegou às mãos daqueles que o esmagaram. Embora tenham sido os nossos pecados que levaram Cristo à cruz, Ele, que nunca pecou, ofereceu-se de forma amorosa em nosso lugar, garantindo a salvação e o perdão mesmo aos que o ferem.

No Gólgota, o amado Lírio murchou, padeceu e viu a vida esvair-se, enquanto perdia a respiração e vertia Seu sangue carmesim por nós.

Apesar de tamanha dor, sabemos que Ele voltou a brotar. Após três dias, Cristo ressuscitou e agora nos convida a fazer parte de Seu jardim particular. Nós também podemos ser flores plantadas, regadas e podadas por Deus, o nosso Jardineiro, que cuida com tanto amor de cada um dos Seus filhos. Graças ao sacrifício da Rosa de Sarom, do Lírio dos vales, nós, que antes estávamos destinados à morte, agora podemos florescer.

Um COVITE

Você também pode ser uma flor do jardim de Deus. Aceite Jesus como Salvador da sua vida agora mesmo, enquanto lê este texto, e veja como as ricas bênçãos de Deus farão a sua vida florescer. Se já tomou essa decisão, amém! Medite nas palavras poéticas de *Rosa vermelha*. Ao final, leia Isaías 53:5 e agradeça a Jesus pelo amor sacrificial dele

Aponte a câmera do seu celular para este QR Code e ouça a música ***Rosa vermelha***. Deus vai falar ainda mais ao seu coração.

Minha oração

Minhas notas

11

RUDE CRUZ

Certamente a
palavra da cruz é
loucura para os
que se perdem,
mas para nós, que
somos salvos, ela é
poder de Deus.

1 CORÍNTIOS 1:18

RUDE CRUZ

Rude cruz se erigiu, dela o dia fugiu
Como emblema de vergonha e dor
Ao olhar eu para a cruz, nela vejo Jesus
Sim, morrendo por mim pecador

Sim, eu amo a mensagem da cruz
Até morrer, eu a vou proclamar
Levarei eu também minha cruz
Até por uma coroa trocar

Desde a glória dos céus, o Cordeiro de Deus
Ao Calvário humilhante baixou
Deus na cruz mostra a mim graça e amor sem fim
O Seu plano ali revelou

No madeiro sofreu e por mim padeceu
Meu Senhor para dar-me o perdão
Eu me alegro em Jesus, dele vem graça e luz
Para minha santificação

Eu aqui com Jesus, a tragédia da cruz
Quero sempre sentir e sofrer
Cristo vem me buscar e com Ele no lar
Eu a glória do céu hei de ter.

Com letra original de George Bennard, essa versão adaptada de *Rude cruz* faz parte do álbum *Recordações (Vol. 1)*, que foi lançado pela gravadora Louvor Eterno, em 1995.

A PRECIOSA MENSAGEM DA CRUZ

Durante sua leitura, você já deve ter notado que o sacrifício de Cristo é um assunto recorrente em minhas canções, seja de forma poética e metafórica, como em *Rosa vermelha*, ou trazendo uma mensagem de encorajamento, como em *A vitória Ele já ganhou*. E isso sempre foi feito com intencionalidade, por saber que os eventos para os quais sou convidada recebem muitos não cristãos.

Devemos sempre buscar estratégias para levar as boas-novas de salvação para o máximo de pessoas, aproveitando cada oportunidade. Deus nos deu dons variados justamente para que possamos ser um Corpo completo. Eu sirvo com minha voz, com minhas músicas e letras, mas se esse não for o seu dom, você pode servir ensinando, pregando, acolhendo pessoas, administrando ou mesmo fornecendo recursos financeiros.

O verdadeiro cristão quer servir e cumprir a grande comissão de Cristo: "Vão por todo o mundo e preguem o evangelho a toda criatura" (MARCOS 16:15). Como discípulos de Cristo, devemos entender que o sacrifício de Jesus, pelo qual nos tornamos filhos de Deus, é também o convite e a motivação para servirmos a Deus e o amarmos de todo o nosso coração. Essa é a lembrança que acompanha a declaração de que agora somos novas criaturas.

É por isso que considero um erro a tendência de que hinos como *Rude cruz* sejam limitados a momentos ou cultos específicos, como o da Ceia do Senhor, pois embora sua mensagem seja muito conhecida, jamais deve ser deixada de lado. Devemos pregar e proclamar o sacrifício vicário sempre, até o dia da nossa morte, a todos, mesmo a quem já aceitou Jesus como Salvador. Afinal, "...a fé vem pelo ouvir" (ROMANOS 10:17).

O sacrifício de Jesus, pelo qual nos tornamos filhos de Deus, é também o convite e a motivação para servirmos a Deus e o amarmos de todo o nosso coração.

Esse clássico da *Harpa Cristã* não fala apenas da vergonha e da dor, mas também da alegria e do amor que sentimos ao pregar essa mensagem preciosa. Em Cristo, encontramos graça e luz para o nosso caminho; por causa do sacrifício vicário dele, saímos da condição de pecadores miseráveis para justificados e santos perante o Senhor. Nele, encontramos diariamente forças para seguir com a nossa cruz até que recebamos uma coroa de glória no dia da Sua volta.

Propague as BOAS-NOVAS!

Lembre-se de que, como nascidos do Espírito, somos chamados para pregar a mensagem da cruz. Por isso, peça ao Senhor estratégias para compartilhar com as pessoas à sua volta a vergonha do pecado, em contraste com a alegria da graça e a luz que vêm da cruz. Tenha intencionalidade em sua caminhada. Faça de ***Rude cruz*** a sua oração diária e declare: "Sim, eu amo a mensagem da cruz" e vou proclamá-la a todos até o fim!

Aponte a câmera do seu celular para este QR Code e ouça a música ***Rude cruz***. Deus vai falar ainda mais ao seu coração.

Minha oração

Minhas notas

12

ROSTO DE CRISTO

Porque agora vemos como num espelho, de forma obscura; depois veremos face a face. Agora meu conhecimento é incompleto; depois conhecerei como também sou conhecido.

1 CORÍNTIOS 13:12

ROSTO DE CRISTO

Sempre que leio a história de Cristo
Eu fico a pensar, com grande emoção,
No privilégio que muitos tiveram
De ver o Seu rosto, sentir Sua mão

Eu também teria a mesma alegria
De tê-lo bem perto, bem juntinho a mim
De olhar os Seus olhos, serenos e meigos
Ó, como eu seria tão feliz assim!

Queria saber como era o Seu rosto
Embora eu sinta que era mui lindo
Inspirava fé e também confiança
E dava a todos um gozo infindo

Ao ver as gravuras dos quadros pintados
Daquilo que dizem ser o meu Senhor
Meu ser não aceita o que está na tela
É falsa a inspiração do pintor

Não creio, não creio num Cristo vencido
Cheio de amarguras, semblante de dor
Eu creio num Cristo de rosto alegre
Pois creio num Cristo que é vencedor

E um dia também o verei face a face
E assim eu creio pela minha fé
Ô, aleluia, verei o Seu rosto!
Verei a Jesus como Ele é.

Com letra de Josias Barbosa, *Rosto de Cristo* faz parte do álbum *Recordações (Vol. 2)*, que foi lançado pela gravadora Louvor Eterno, em 1999.

INCOMPARÁVEL TU ÉS!

Creio que todo cristão já desejou estar entre os discípulos enquanto lia os evangelhos. Que grande privilégio as pessoas do primeiro século tiveram! Elas puderam andar lado a lado com o próprio Jesus, tocar Suas mãos, olhar em Seus olhos, ouvir Sua voz e conviver com Aquele que é o Filho de Deus. Esse cântico expressa justamente esse sentimento. Ele nos leva a imaginar como seria o *Rosto de Cristo*: certamente mui lindo.

Essa beleza não diz respeito à aparência puramente humana nem mesmo a estereótipos do que consideramos ou não belo. O rosto de Cristo certamente era lindo por transmitir tudo o que o Senhor representa para nós; aquela face inspirava fé e confiança, aqueles olhos serenos e meigos traziam calma em meio à tempestade e desesperança, e deixavam qualquer pessoa aflita com uma infinita alegria.

Essas são conjecturas que podemos fazer pela fé. Por agora, não sabemos como era o rosto de Cristo, mas aguardamos com expectativa pelo dia em que estaremos face a face com Ele, livres de toda amargura e pecado. A letra desse cântico também critica os que tentam criar imagens do Senhor, pois sabemos que a Bíblia proíbe tal prática (VEJA ÊXODO 20:23) e que é impossível ilustrar Sua grandeza de forma fidedigna.

Mais do que isso, *Rosto de Cristo* também nos convida a negar a imagem de um Cristo vencido na cruz. Sim, é verdade que Ele deu sua vida por nós em um triste e humilhante sacrifício; entretanto, ao terceiro dia, nosso Salvador ressuscitou e agora está sentado "à direita do Deus Todo-Poderoso" (LUCAS 22:69), garantindo vida eterna a todos que o aceitarem. O Jesus no qual cremos é vencedor e tem um rosto resplandecente!

O salmista já questionava corretamente: "quem nos céus é comparável ao SENHOR? Entre os seres celestiais, quem é semelhante ao SENHOR?" (SALMO 89:6). Nosso Deus é incomparável, nem nossas ideias mais rebuscadas são capazes de se aproximar do que Ele verdadeiramente é. Esse cântico nos convida a humildemente reconhecer tal grandeza, que só pode ser corretamente contemplada pelos olhos da fé.

Não sabemos como era o rosto de Cristo, mas aguardamos com expectativa pelo dia em que estaremos face a face com Ele.

Contemple JESUS!

Escolha um dos evangelhos para ler e tente se imaginar em meio às multidões que seguiam o Mestre. Que privilégio vê-lo realizando milagres e ensinando com tanta sabedoria! Embora não possamos ver o rosto de Cristo hoje, temos a esperança de que um dia poderemos vê-lo e tocá-lo. Faça desse cântico a sua oração e declare com fé: "Ô, aleluia! Verei o Seu rosto. Verei Jesus como Ele é!".

Aponte a câmera do seu celular para este QR Code e ouça a música ***Rosto de Cristo*** . Deus vai falar ainda mais ao seu coração.

Minha oração

Minhas notas

13

SABE, FILHO

*Mas ele foi
traspassado por
causa das nossas
transgressões e
esmagado por causa
das nossas iniquidades;
o castigo que nos
traz a paz estava sobre
ele, e pelas suas feridas
fomos sarados.*

ISAÍAS 53:5

SABE, FILHO

Sabe, filho, quero falar com você
Tenho visto teu lamento, tua dor
Você diz: "Senhor, não vou suportar
Pois a luta é tão grande
Que estou quase a desanimar"

Olha, filho, tu já leste minha história
Que Eu deixei um trono de glória para morrer por ti
Lá na rua central de Jerusalém
Cada passo que Eu dava
A marca do meu sangue ficava também

Uma coroa de espinhos me colocaram
E com cravos pontiagudos
Naquela cruz me pregaram
Uma lança afiada me transpassou
Nessa hora de agonia
Até o meu Pai me desamparou

Nessa hora, meus amigos me desprezaram
Até Pedro, por três vezes, me negou
Lázaro, o amigo que ressuscitei,
Procurei com os meus olhos
Mas também não avistei

Tudo isso Eu passei por te amar
Para que hoje Eu pudesse te entender
Teus problemas, todos, posso resolver
Basta somente crer
Que a solução já chegou para você

Se estás doente, Eu sou o teu remédio
Se estás cansado, Eu posso te aliviar
Eu venci, você também vencerá
Sou Jesus Cristo, o único que pode te ajudar
Eu venci, você também vencerá
Sou Jesus Cristo, o verdadeiro Filho de Deus.

Com letra de Wanderly Macedo, *Sabe, filho* faz parte do álbum *Regresso*, que foi lançado pela gravadora Som e Louvores, em 1990.

JESUS CONHECE A NOSSA DOR

Essa letra foi escrita especialmente para mim. Lembro-me de que o pastor Wanderly Macedo e eu estávamos participando de um evento no norte do Paraná — ele como pregador convidado e eu como cantora. Então ele orou pedindo inspiração ao Senhor, pois queria me presentear com uma de suas composições. E foi assim que surgiu *Sabe, filho*, um cântico que fala muito ao meu coração e que amo cantar.

Aqui nós imaginamos o Senhor falando com um filho que está sofrendo muito e sente que já não pode mais continuar, pois está perdendo as forças. Creio que todos nós já estivemos nesse lugar de angústia, quando dobramos nossos joelhos e só conseguimos nos queixar e pedir que Ele nos livre da enfermidade, da dor e do cativeiro. Nesses momentos, sentimo-nos profundamente sozinhos e cremos que chegou o nosso fim.

É nesse contexto que Deus nos convida a olhar para a Sua Palavra e relembrar a Sua história. Ele, o Verbo, deixou o trono de glória e se fez carne para morrer em nosso lugar. O Senhor entende o nosso sofrimento pois também sofreu. Ele padeceu de dor deixando as marcas do Seu sangue pelas ruas de Jerusalém, enquanto carregava a cruz na qual foi crucificado. Ele se sentiu sozinho ao ver que Seus amigos o abandonaram.

Cristo foi traído, negado, rejeitado e chegou a sentir que até mesmo o Pai o havia abandonado. Ele entende toda a dor e frustração que possa vir nos atingir, pois já esteve em nosso lugar. Esse cântico nos lembra do imenso valor que temos para Deus. Ele não apenas escuta o nosso lamento, mas entende a nossa dor e se importa verdadeiramente com ela. O Pai nunca nos abandona, mesmo quando está em silêncio.

> O Senhor entende o nosso sofrimento pois também sofreu.

Quando as lutas se intensificam e sentimos que não vamos mais aguentar, recorremos a caminhos que não são confiáveis. Tentamos nos fortalecer em amigos, familiares, e até mesmo em coisas efêmeras como bens materiais e *status* social. Entretanto, o único que pode nos ajudar é o verdadeiro Filho de Deus, que venceu a morte e assim nos garantiu vida eterna. Ele entende a nossa dor, pois sofre conosco, e jamais nos abandonará.

Ele VENCEU!

Escute *Sabe, filho* e abra o seu coração para receber o que Deus diz por meio desse cântico. Cristo entende todos os seus sofrimentos e pode curar todas as suas feridas. Foi por amor a você que Ele padeceu de grande dor naquela cruz. Você tem valor e jamais será abandonado ou esquecido pelo Pai. Anime-se! Ele venceu a morte e, nele, você terá vitória!

Aponte a câmera do seu celular para este QR Code e ouça a música ***Sabe, filho***. Deus vai falar ainda mais ao seu coração.

Minha oração

Minhas notas

14

SOBERANO

Deus não é homem,
para que minta;
nem filho de homem,
para que mude de
ideia. Será que,
tendo ele prometido,
não o fará?
Ou, tendo falado,
não o cumprirá?

NÚMEROS 23:19

SOBERANO

Eu tenho um Deus que quando Ele fala
Não é como aqueles que frustram e falham
As Suas promessas não caem por terra
Ele é tremendo, Ele tem poder

Eu tenho um Deus que quando promete
Esmaga o inferno para dar vitória
Vira cativeiros com a Sua glória
E faz o começo de uma nova história

Eu tenho um Deus, Ele sabe de tudo
Ninguém se esconde, pois tudo Ele vê
E guarda Seus filhos do mal
Que os homens planejam fazer

Eu tenho um Deus, que não tarda, não muda
Ele é o mesmo e sempre será
O meu Deus é maior do que todos os deuses
Seu nome é Jeová

Faz muro cair, faz leão jejuar
Faz caminho no mar, faz a terra se abrir
Se o gigante se exalta, usa quem Ele quer
Ele humilha e mata, o meu Deus é assim

Ele ajuda o pobre, consola o justo
Porém Ele ama a quem é fiel
Sustenta o mundo e o grande universo
Ele é o Criador, Ele mora no céu

Ele faz a tristeza saltar de alegria
Ele cura as doenças e expulsa o mal
Julga a causa do órfão e do oprimido
Ele é poderoso, Ele é imortal

Ele faz e desfaz, manda e desmanda
Soma e multiplica bênçãos sem medida
O meu Deus existe, e me pôs de pé
E somente nele ponho a minha fé

O meu Deus é vida, soberano Ele é.

Com letra de Roberto Carlos Leite, *Soberano* faz parte do álbum *Cântico de vitória*, que foi lançado pela gravadora Louvor Eterno, em 2005.

DEUS PODEROSO E FIEL

Você já recebeu uma promessa pela qual teve de esperar? Creio que esse processo é um dos mais desafiadores na vida de um cristão. Nos alegramos quando recebemos uma promessa especial e cremos que Deus é poderoso e fiel para cumpri-la, mas basta que as coisas não aconteçam no nosso tempo para revelarmos o quão impacientes somos e como precisamos ser moldados antes de finalmente receber a vitória.

O reconhecimento de que Deus é soberano e sabe o momento certo para agir é desafiado por nossa ansiedade. Não entendemos que nem sempre estamos prontos para viver aquilo que o Senhor nos prometeu. Talvez seja preciso amadurecermos na fé, afastar-nos de pessoas e ambientes que fazem mal e aprendermos a lidar com as frustrações de nossos planos primeiro, para só então vermos as promessas se cumprindo.

Soberano, um cântico de letra forte, em nossos momentos de oração, pode nos ensinar esta primeira lição: "Deus não é homem, para que minta; nem filho de homem, para que mude de ideia" (NÚMEROS 23:19). Não importa quanto tempo demore; se Deus prometeu, Ele certamente cumprirá Sua palavra! Deus sabe de todas as coisas e, no tempo certo, derramará a Sua bênção sobre nós, pois é soberano.

Há outra questão abordada nessa letra que pode causar espanto. Ali afirmamos que Deus humilha e mata o gigante. Sim, Ele é amoroso e fiel para com os Seus, mas também é justo. Ele ajuda o pobre, consola o justo, julga a causa do órfão e do oprimido e está atento à nossa fidelidade. "O Senhor é bom para os que esperam nele, para aqueles que o buscam" (LAMENTAÇÕES 3:25); porém "...os malfeitores serão exterminados" (SALMO 37:9).

> O Senhor é bom para os que esperam nele.

Não se trata de vingança, mas de justiça. Deus quer nos conceder muitas promessas, bênçãos e alegria. Afinal, Ele é vida e amor. Mas é preciso fé e fidelidade para receber o melhor do céu. Se formos pacientes e nos mantivermos no caminho da justiça, Ele julgará a nossa causa e nos dará além daquilo que imaginamos ou merecemos, pois tem poder para mandar ou desmandar, fazer ou desfazer, criar ou destruir.

No tempo de DEUS

Escute *Soberano*, enquanto faz uma oração de entrega ao Senhor. Declare sua fé e confiança nele, reconhecendo que Ele é poderoso e fiel para cumprir tudo o que prometeu a você, e não esqueça de agradecer a maior promessa que temos: a vida eterna. Seja paciente e creia que essa luta que você está enfrentando logo vai acabar, pois o nosso Deus é grande, é vida, soberano Ele é!

Aponte a câmera do seu celular para este QR Code e ouça a música ***Soberano***. Deus vai falar ainda mais ao seu coração.

Minha oração

Minhas notas

15

VASO DE ALABASTRO

*E eis que uma mulher
da cidade, pecadora,
sabendo que ele
estava jantando na
casa do fariseu, foi até
lá com um frasco feito
de alabastro cheio de
perfume. E, estando
por detrás, aos pés
de Jesus, chorando,
molhava-os com as
suas lágrimas e os
enxugava com os
próprios cabelos.
Ela beijava os pés
de Jesus e os ungia
com o perfume.*

LUCAS 7:37-38

VASO DE ALABASTRO

Para te adorar, Senhor
Te dar o meu louvor
Quero me prostrar
Vou me derramar
Aos Teus pés, Senhor

O meu vaso de alabastro
Quero lhe oferecer
Me humilho aos Seus pés
Porque santo Tu és
Vem meu louvor receber

Sou pequeno e tão falho
Não mereço Teu amor
Mas eu sei que mesmo assim
O Senhor cuida de mim
Um tão pobre pecador

Purifica as minhas vestes
Com Seu sangue remidor
Me ajude a ser fiel
Eu quero chegar no céu
E te abraçar, Senhor.

Com letra de Moises Cleyton, *Vaso de alabastro* faz parte do álbum *Presença de Deus*, que foi lançado pela gravadora Louvor Eterno, em 2006.

SACRIFÍCIO VIVO, SANTO E AGRADÁVEL

Esse cântico é um dos mais especiais do meu repertório. Ele e *Daniel* fazem parte do mesmo álbum, *Presença de Deus*, que também ficou marcado em minha carreira como cantora. Essa letra, escrita pelo Moises Cleyton, agradou-me bastante quando a recebi, mas fiz algumas mudanças na melodia e nos arranjos para que ela soasse mais pentecostal, combinando com o meu estilo e com o que gosto de cantar.

Vaso de alabastro tem um jeito muito peculiar de contar a história da mulher que vivia à margem da sociedade e ungiu os pés de Jesus com perfume, pois nos faz refletir sobre o que nós temos apresentado diante do Senhor. O que temos levado para Ele de verdade, de essência? O que temos derramado aos pés do nosso Salvador? Qual tem sido a qualidade do nosso culto pessoal para Deus?

Aquela mulher rompeu barreiras para estar aos pés do Mestre e deu uma lição de humildade a todos. Mesmo sendo criticada, não olhou para ninguém, pois só queria estar com Jesus. Embora tenham questionado o seu ato, julgando até mesmo a sua má fama de mulher pecadora, ela se manteve firme no propósito de derramar o que tinha de melhor, entregando seu vaso de alabastro e confessando seus pecados.

Ao lavar os pés de Jesus e secá-los com os próprios cabelos, ela estava dizendo: "Por favor, Senhor, receba aqui o meu louvor. Eu não sou digna, mas será que Tu podes aceitar essa oferta?". Isso é justamente o que precisamos fazer para nos aproximarmos de Deus: reconhecer, como aquela mulher, que somos falhos e não merecemos o amor dele, e pedir com humildade para que Ele receba a nossa mais sincera oração.

> Qual tem sido a qualidade do nosso culto pessoal para Deus?

Entregar o nosso melhor não diz respeito à riqueza ou ao dinheiro, mas à essência, ao que temos de mais profundo e verdadeiro. Embora pareça simples, nem sempre nos sentimos prontos para declarar o que essa letra diz. Muitos se sentem indignos, mas o Senhor não leva isso em consideração, pois sabe que ninguém é suficientemente digno perante Ele. Apenas pelo sangue de Cristo é que somos justificados perante o Pai.

Aos pés de CRISTO

Entregue o seu melhor ao Senhor. Talvez você se sinta culpado por estar preso em vícios e pecados, mas lembre-se de que Jesus veio para os doentes e pecadores (veja Lucas 5:32). Cante *Vaso de alabastro* de forma sincera; entregue-se ao Senhor, como fez aquela mulher, e receba a mesma resposta que Ele deu a ela: "Os seus pecados estão perdoados... vá em paz." (Lucas 7:48,50).

Aponte a câmera do seu celular para este QR Code e ouça a música ***Vaso de alabastro***. Deus vai falar ainda mais ao seu coração.

Minha oração

Minhas notas

16

LÁGRIMAS DE UM FIEL

*E lhes enxugará dos
olhos toda lágrima.
E já não existirá mais
morte, já não haverá
luto, nem pranto,
nem dor, porque
as primeiras coisas
passaram.*

APOCALIPSE 21:4

LÁGRIMAS DE UM FIEL

Quando estás a chorar nas caladas da noite
Quando tua voz não consegue ouvir
Gemidos inexprimíveis saem de tua alma
Clamam socorro ao Deus poderoso para te ajudar

Quando lágrimas quentes molharem teu rosto
Não desanimes, meu irmão querido
Até em soluços, Deus te ouvirá

Mas te digo agora
Dois olhos contemplam o teu penar
Não estão esquecidas lágrimas de um fiel

Mas te digo agora
Dois olhos contemplam o teu penar
Não estão esquecidas lágrimas de um fiel

Quando a cruz pesada ferir os teus ombros
Quando o doce tornar em amargo fel
Quando tudo parece estar perdido
Não desanimes, meu irmão querido
Na hora difícil Deus te ouvirá

Mas te digo agora
Dois olhos contemplam o teu penar
Não estão esquecidas lágrimas de um fiel

Mas te digo agora
Dois olhos contemplam o teu penar
Não estão esquecidas lágrimas de um fiel.

Com letra de Anderlindo José e Mara Lima, *Lágrimas de um fiel* faz parte do álbum *Lágrimas de um fiel*, que foi lançado pela gravadora Louvor Eterno, em 1995.

NOS BRAÇOS DE DEUS

Quantas vezes achamos que estamos no paraíso em um emprego, em um relacionamento ou fechando um negócio extraordinário. De repente, somos surpreendidos pelo amargo da decepção e da angústia, por termos acreditado em alguém que só queria nos enganar. Como é difícil lidar com a culpa e a vergonha! Ficamos tão aflitos que perdemos até mesmo a força para orar adequadamente.

Em minhas letras, sempre procuro expressar algo que estou sentindo, e é interessante como isso ressoa em quem escuta depois, mesmo que o ouvinte esteja vivendo outra ocasião. *Lágrimas de um fiel* fala sobre algo que todos nós passamos. Afinal, quem nunca esteve tão aflito e amargurado a ponto de nem mesmo conseguir formular palavras na oração e apresentar apenas gemidos inexprimíveis ao Senhor?

Quando estamos sozinhos na calada da noite e já perdemos as forças para clamar, a nossa voz mal pode ser ouvida e apresentamos apenas gemidos e soluços que saem do fundo da alma. Nesses momentos, a angústia é tanta que nem mesmo nós entendemos os nossos sentimentos, mas o Senhor que "...esquadrinha todos os corações..." (1 CRÔNICAS 28:9), interpreta cada lágrima, e todas são importantes para Ele.

Esse cântico fala sobre a fidelidade do Senhor para com aqueles que o amam. Quando a cruz dessa vida pesa, ferindo nossos ombros, e quando o doce se torna amargo fel, ou seja, quando somos atingidos pelos algures, sofrimentos, lutas e decepções da caminhada, podemos ter a certeza de que os olhos amorosos de Cristo estão nos contemplando. As lágrimas de quem é fiel jamais são esquecidas ou ignoradas.

Servimos a um Deus bom e justo, um Pai que jamais abandona os Seus filhos e que está atento ao clamor do nosso coração. Mesmo quando tudo parece perdido e mal conseguimos orar como deveríamos, podemos crer que "o Espírito nos ajuda em nossa fraqueza" e "...intercede por nós com gemidos inexprimíveis" (ROMANOS 8:26), que chegam como cheiro suave ao trono do Senhor.

As lágrimas de quem é fiel jamais são esquecidas ou ignoradas.

Olhe para JESUS!

Reflita na mensagem de *Lágrimas de um fiel* e a guarde em seu coração. Lembre-se de que os olhos de Cristo enxergam e conhecem a sua dor, que cada lágrima sua tem valor e significado para Deus, e que a sua angústia jamais será esquecida por Aquele que criou você. Mesmo que tudo pareça perdido, existe a verdadeira luz, que se chama Jesus Cristo!

Aponte a câmera do seu celular para este QR Code e ouça a música ***Lágrimas de um fiel***. Deus vai falar ainda mais ao seu coração.

Minha oração

Minhas notas

17

DE VITÓRIA EM VITÓRIA

Cantem ao Senhor
um cântico novo,
porque ele tem feito
maravilhas; a sua
mão direita e o seu
braço santo lhe
alcançaram a vitória.

SALMO 98:1

DE VITÓRIA EM VITÓRIA

São tantas bênçãos que eu tenho para contar
e vitórias para compartilhar
Eu não sei por onde começar, me aperta o coração
Quanta gente que já foi curada,
quanta gente aceitou Jesus
Hoje quero te agradecer, querido Senhor

A minha vida sem Jesus não tem nenhum sentido
É um barco à deriva no furioso mar
Se hoje conto bênçãos,
é porque Jesus me deu Sua mão amiga
Vencer só é vitória se tiver amor,
não desistir na luta, firme no Senhor
Se o mundo tem seus prêmios,
Deus tem muito mais
Ele é a vida eterna

Te adoramos, Jesus, te adoramos
Te louvamos por tantas vitórias
Te louvamos por este milagre que é nossas vidas
Te adoramos, Jesus te adoramos
Pela graça, e o poder da Tua glória,
nossa vida em ti é conquista
De vitória em vitória.

Com letra de Ezequiel Matos, *De vitória em vitória* faz parte do álbum *A história que ninguém contou*, que foi lançado pela gravadora Louvor Eterno, em 2007.

A GRAÇA DE DEUS SOBRE NÓS

Você já parou para refletir sobre o conteúdo das suas orações? Qual foi a última vez que orou para agradecer ao Senhor por todas as bênçãos que Ele lhe concedeu até aqui? Em meio a tanta luta e cansaço, podemos nos acostumar a apenas pedir ou lamentar, esquecendo-nos de render ações de graça a Deus por tudo o que já foi realizado em nossa vida. Esse cântico é essa oração de agradecimento e reconhecimento.

Declarar que vivemos *De vitória em vitória* não implica dizer que não passamos por problemas, mas sim que, apesar disso, temos um Deus que cuida de nós e realiza grandes feitos. Como cristãos, temos o privilégio de olharmos para a nossa trajetória e vermos que nosso Pai esteve nos guiando o tempo todo, mesmo em meio ao sofrimento e às tribulações. Essa perspectiva é o que nos impulsiona a continuar.

Essa letra foi escrita pelo Ezequiel Matos, que foi meu maestro e dueto oficial por muitos anos. Ela tem o cuidado de dizer que Deus é o Autor de todas essas bênçãos, evitando assim a impressão de que nós é quem somos os responsáveis por elas. Não somos abençoados por sermos os melhores, os mais santos ou mais talentosos, e sim "Porque o SENHOR é bom..." (SALMO 100:5). É tudo sobre quem *Ele* é.

Esse cântico reflete como me sinto em relação ao meu ministério e às coisas que vivi. Uma frase que me marca é a que menciona os prêmios do mundo, pois quando comecei a ficar conhecida em minha carreira musical, uma das maiores gravadoras de música secular da época me procurou e fez uma proposta para que eu cantasse canções sertanejas e românticas.

Temos um Deus que cuida de nós e realiza grandes feitos.

Lembro-me de ter sido muito taxativa com aqueles empresários, mesmo quando disseram que eu podia continuar cantando música *gospel* e que estaria perdendo muito dinheiro ao recusar aquele contrato, que seria um divisor de águas em minha vida financeira. Mas eu não me preocupei, pois sabia qual era o meu chamado. Hoje digo, com alegria, que Deus proveu, e eu sobrevivi sem precisar cantar qualquer outro estilo.

Agradeça a DEUS

Lembre-se de que nem todas as propostas e prêmios do mundo são bons ou condizem com o que Deus quer para a sua vida. Não se entristeça com portas fechadas, pois maior é o que o nosso Pai tem para nós. Que ***De vitória em vitória*** o inspire a ser mais grato por tudo o que já recebeu até aqui, a enxergar a vida com uma perspectiva otimista e a manter-se firme nos propósitos divinos.

Aponte a câmera do seu celular para este QR Code e ouça a música ***De vitória em vitória***. Deus vai falar ainda mais ao seu coração.

Minha oração

Minhas notas

18

PÓ DA ESTRADA

Venham a mim todos vocês que estão cansados e sobrecarregados, e eu os aliviarei.

MATEUS 11:28

PÓ DA ESTRADA

Eu trago o cansaço do corpo e o pó da estrada
Por muitos lugares andei até chegar aqui
Buscando as coisas desta vida,
Não encontrei nada que me trouxesse alegria
E hoje estou aqui

Quem dizia ser meu amigo, me deixou sozinho
Andando de um lado para o outro, sem ter direção
Mas hoje cedo olhei para o céu
E encontrei o caminho
E vi que somente Jesus é a minha solução

Eu louvarei a Ti, Senhor
Tu és meu Rei, meu Salvador
Para a glória irei com meu Jesus
Lá estarei no céu de luz

Na solidão da madrugada clamo e me responde
As Suas mãos enxugam lágrimas
que molham o meu rosto
E quando amanhece o dia, subo até o monte
E canto uma canção que exalta o Deus
Que não é morto

E a Sua glória resplandece ao romper do dia
Trazendo um grande renovo aos Seus escolhidos
Até os passarinhos cantam com muita alegria
Pois sabem que Deus é o único
E verdadeiro Amigo

Com letra de Rogério e Rosemary, *Pó da estrada* faz parte do álbum *Unção divina*, que foi lançado pela gravadora Louvor Eterno, em 2001.

O SENHOR OUVE E RESPONDE

P*ó da estrada* foi escrito pela talentosa dupla Rogério e Rosemary. Esse louvor reflete muito da minha própria história e caminhada ministerial. Tive uma infância difícil. Meu pai tinha problemas com bebida e se tornava muito violento quando estava embriagado. Eu não tinha muita perspectiva, mas aos 14 anos de idade fui a uma igreja, aceitei Jesus, e vi minha vida mudar totalmente, de forma inimaginável.

As palavras "trago o cansaço do corpo e o pó da estrada" e "não encontrei nada que me trouxesse alegria" têm muito peso para mim, pois representam a verdade da minha trajetória. Aquela jovem frustrada e ferida pelas circunstâncias da vida só conseguiu encontrar a verdadeira felicidade em Jesus Cristo. Depois de andar de um lado para o outro sem direção, foi no caminho da cruz que encontrei o sentido que tanto buscava.

Esse cântico também reflete as adversidades enfrentadas por quem vive da obra de Deus. Embora o dom seja uma dádiva, a vida ministerial tem muitos desafios. Diferentemente do que alguns possam imaginar, o ministério pode ser muito solitário. É comum sentirmos a "tristeza de quarto de hotel", aquela solidão e desamparo que sentimos mesmo quando estamos cercados por pessoas e cheios de compromissos.

Por estarmos expostos, sentimo-nos julgados, questionados e sem poder confiar em qualquer pessoa. As verdadeiras amizades são raras. Entretanto, essa solidão não é exclusiva dos que têm ministério ou vida pública. Todos estamos vulneráveis a falsas amizades, péssimos negócios e promessas mentirosas. Essas frustrações vão se acumulando e ferindo nossa alma, até nos vermos totalmente cansados e sem direção.

O Senhor é o nosso verdadeiro Amigo.

É nesses momentos, quando o pó da estrada da vida nos aflige, que esse cântico nos lembra de que adoramos um Deus que ouve e responde o nosso clamor. Até mesmo os pássaros cantam com alegria por saberem que o Senhor é o nosso verdadeiro Amigo. Qualquer que seja a nossa luta, podemos olhar para o céu e saber que ali há um Pai que enxuga nossas lágrimas e renova nossas forças a cada manhã.

Nele, encontro VIDA!

Lembre-se de que o nosso Pai está presente até nos pequenos detalhes e tudo vê. Ele nos trouxe até aqui e continua ao nosso lado, mesmo quando somos abandonados por amigos e familiares e nos sentimos terrivelmente sozinhos. Medite na letra de *Pó da Estrada* e declare com ousadia: "Eu andei por muitos lugares e encontrei o Caminho. Somente Jesus é a minha solução!".

Aponte a câmera do seu celular para este QR Code e ouça a música ***Pó da Estrada***. Deus vai falar ainda mais ao seu coração.

Minha oração

Minhas notas

19

SONHANDO

E vi novo céu e nova
terra, pois o primeiro
céu e a primeira terra
passaram, e o mar já
não existe. Vi também
a cidade santa, a
nova Jerusalém,
que descia do céu,
da parte de Deus,
preparada como uma
noiva enfeitada para
o seu noivo.

APOCALIPSE 21:1-2

SONHANDO

Ah, como eu queria conhecer o céu!
Quantas vezes o meu pensamento me levou ali
Sonho com essa linda cidade, Jerusalém
Só espero Jesus Cristo aparecer
Meu sonho então realizar

Sonhando, às vezes, eu canto com os querubins
Sonhando, às vezes, eu canto uma canção assim:
"Santo, Santo"
Sonhando, eu já cantei ali

Ah, se eu pudesse eu voaria para lá
Essas lágrimas que molham o meu rosto
Não iriam mais rolar
Juntinho de Jesus, livre da dor irei viver
Com anjos eternamente ao meu redor
Um hino irei cantar.

Com letra de Gilmar Torguato, *Sonhando* faz parte do álbum *Lágrimas de um fiel*, que foi lançado pela gravadora Louvor Eterno, em 1995.

A NOVA JERUSALÉM

Você já imaginou como será quando chegarmos no céu? Já pensou nos hinos que quer entoar quando estiver na presença do Pai e nas pessoas que quer conhecer e abraçar? *Sonhando* é um desses cânticos que nos levam a contemplar tudo isso, a olhar para a nova Jerusalém com os olhos da fé e crer que tudo será muito mais belo do que nós, em nossa ignorância e limitação humana, possamos criar em nossa mente.

Como cantora, sempre gostei daqueles dois versos que sonham com o que entoaremos quando estivermos diante do trono do Pai. A Bíblia registra uma visão do profeta Isaías que nos ajuda nisso, pois ele viu "o Senhor assentado sobre um alto e sublime trono", cercado por serafins que "clamavam uns para os outros, dizendo: 'Santo, santo, santo é o SENHOR dos Exércitos; toda a terra está cheia da sua glória'" (ISAÍAS 6:1,3).

É assim que imagino que cantaremos. Que lindo será saber que todos os salvos em Cristo formarão um grande coral. Qual foi a última vez que você parou para refletir sobre a beleza desse momento? Em meio à nossa rotina cansativa, podemos nos esquecer de que essa é a nossa maior esperança. Nos momentos de angústia, podemos encontrar consolo no fato de que, em breve, estaremos livres da dor e da morte.

Sei que esse tema pode parecer antiquado, afinal, até mesmo os cânticos atuais falam disso com pouca frequência. Temos deixado de cantar sobre o céu ou sobre o arrebatamento, e dado lugar a outros assuntos. Dá-se a impressão de que as pessoas não querem ser arrebatadas, pois estão muito confortáveis com sua tecnologia, riquezas terrenas e cidades desenvolvidas.

Mas não nos enganemos: o céu é maior do que tudo o que vimos ou já ouvimos. Os tempos podem ter mudado, mas a realidade continua a mesma: Cristo está voltando e precisamos estar preparados para isso, pois "Quanto ao dia e à hora, ninguém sabe, nem os anjos dos céus, nem o Filho, senão o Pai" (MATEUS 24:36). Em breve, chegará o dia em que Ele enxugará toda lágrima e que estaremos juntinhos do Senhor!

Nos momentos de angústia, podemos encontrar consolo no fato de que, em breve, estaremos livres da dor e da morte.

Junto a Cristo, CANTAREI!

Separe um tempo para meditar sobre o céu. Peça perdão pelos seus pecados e diga ao Pai o quanto você quer estar com Ele quando o grande dia chegar. Ouça ***Sonhando*** para guiar seu momento de oração e declare com fé: "Juntinho de Jesus, livre da dor irei viver. Com anjos eternamente ao meu redor, um hino irei cantar".

Aponte a câmera do seu celular para este QR Code e ouça a música ***Sonhando***. Deus vai falar ainda mais ao seu coração.

Minha oração

Minhas notas

20

MILAGRE

Tudo é possível
ao que crê.

MARCOS 9:23

MILAGRE

Se você crer, nessa hora acontecerá milagre

Foi Ele que andou flutuando
sobre as águas do mar (milagre)
Foi Ele que ordenou para o vento acalmar (milagre)
Foi Ele que disse a Lázaro: "Sai para fora" (milagre)

Se você crê em milagres, receba dele agora
Se você crê em milagres, receba dele agora
Milagre, milagre

Se você crer, nessa hora acontecerá milagre

Foi Ele que ia passando e
a mulher o tocou (milagre)
Foi Ele que disse:
"Mulher, a tua fé te salvou" (milagre)
Foi Ele que, com saliva, fez lodo no chão (milagre)
Naquele mesmo instante, deu ao cego visão

Se você crer, nessa hora acontecerá milagre

Foi Ele que fez o paralítico andar (milagre)
Foi Ele que fez o mudo falar (milagre)
Foi Ele que andou sobre as águas do mar (milagre)

Se você crê em milagre, Ele aqui está
Se você crê em milagre, Ele aqui está
Milagre, milagre

Se você crer, nessa hora acontecerá milagre.

Com letra de Anderlindo José e Mara Lima, *Milagre* faz parte do álbum *Ano 2000*, que foi lançado pela gravadora Louvor Eterno, em 1999.

OUSADA E CORAJOSA FÉ

Por ter presenciado muitos milagres durante o meu ministério, esse acabou se tornando um dos principais temas das minhas músicas. Mas gosto de perceber como cada cântico traz a sua particularidade e aborda a mesma questão de formas variadas. Com exemplos bíblicos, *Milagre* reafirma o poder que o Senhor tem para realizar grandes coisas, mas coloca a nossa fé em foco quando diz o tempo todo: "*se* você crer".

Um dos milagres realizados por Cristo e que essa letra menciona é o da mulher do fluxo de sangue, que passara 12 anos sofrendo com uma hemorragia. De acordo com a lei judaica, tal condição a tornava impura, e qualquer pessoa ou coisa que ela tocasse também seria afetada por sua impureza (VEJA LEVÍTICO 15:25-27). Imagine a solidão e tristeza que a afetavam, não apenas por estar doente, mas por ter que viver de forma isolada.

Mesmo assim, ela não se deixou abater: correu para o meio da multidão — algo proibido para alguém em sua condição —, vendo em Jesus sua última chance de ser curada. Sua fé foi tão grande que ela creu que apenas um toque em Suas vestes resultaria na cura milagrosa. Ela foi ousada, teve fé, e por isso recebeu cura e salvação.

A resposta "a sua fé salvou você" (MATEUS 9:22) nos revela que o Senhor se alegra quando nos aproximamos dele com fé. Tudo o que Ele pede é que tenhamos confiança em Seu imenso poder. Muitas vezes, diante de um problema, apelamos para soluções alternativas e esquecemos de apresentá-lo a Deus. Falamos com os melhores especialistas e pedimos conselhos a amigos próximos, mas não dobramos os joelhos para orar.

Já tive o prazer de testemunhar o que um coração quebrantado e uma oração com fé podem alcançar no mundo espiritual. Nunca me esqueço de uma cruzada evangelística em que me pediram para cantar logo após o final da pregação. Enquanto eu louvava, uma moça começou a gritar: "Estou vendo! Estou vendo!". Ela era cega, mas creu que Deus poderia realizar um milagre em sua vida e foi curada naquela mesma hora.

> O Senhor se alegra quando nos aproximamos dele com fé.

Os impossíveis de DEUS

Convido você a meditar sobre a sua fé. Traga à memória os milagres que você já presenciou, de cura, de restauração em um casamento ou na vida financeira de alguém. Tudo isso é milagre, é o impossível que só Deus pode realizar. Ouça ***Milagre*** e ofereça sua melhor adoração ao Senhor. Lembre-se: "Se você crer, nessa mesma hora acontecerá milagre!".

Aponte a câmera do seu celular para este QR Code e ouça a música ***Milagre***. Deus vai falar ainda mais ao seu coração.

Minha oração

Minhas notas

21

MAIS QUE UM SONHO

*Ó Deus, tu és o
meu Deus; eu te
busco ansiosamente.
A minha alma tem
sede de ti; meu corpo
te almeja, como
terra árida, exausta
e sem água.*

SALMO 63:1

MAIS QUE UM SONHO

Por tantos lugares, Deus, eu fui te procurar
Só eu mesmo sei como eu queria te encontrar
Bati em tantas portas e andando por aí
Tudo o que eu queria era um motivo para sorrir

E depois de tudo, só restava a solidão
Tudo que eu fazia parecia ser em vão
Já não tinha forças nem coragem para viver
Tudo o que eu queria era achar
um jeito para ser feliz

Foi muito mais que um sonho
Foi muito mais que tudo
Foi muito mais que simples emoção

Foi cura para a ferida
Razão para a minha vida
Jesus foi quem mudou meu coração

Ai de mim se não fosse esse amor
Ai de mim se não fosse o Senhor
Para chegar e mudar minha vida

Com certeza seria meu fim
Ah, meu Deus, Tu cuidaste de mim
Foste muito mais do que eu queria.

Com letra de Nilton Cezar, *Mais que um sonho* faz parte do álbum *Mais que um sonho*, que foi lançado pela gravadora Louvor Eterno, em 2000.

À PROCURA DE DEUS

Esse cântico fala de algo que muitos de nós vivemos, principalmente os que não tiveram o privilégio de nascer em um berço cristão. Olhando para trás, percebemos que, mesmo sem saber, estávamos à procura do que somente Deus pode e quer nos oferecer. Só queríamos um motivo para sorrir verdadeiramente, um sentido para a vida e um contentamento para a alma, e procuramos nos mais variados lugares.

Hoje a tecnologia e as redes sociais nos dão a oportunidade de perceber isso de forma nítida. As publicações são recheadas de ostentação, seja de bens materiais ou do próprio corpo. As músicas mais tocadas nas rádios falam sobre dinheiro, sensualidade e festas. Nós sabemos que esse é um reflexo dessa busca pela qual já passamos um dia. Essas pessoas estão desesperadamente tentando encontrar algo que lhes dê sentido.

Mais que um sonho é a declaração de alguém que já passou por tudo isso e que hoje pode dizer, com propriedade, que não seria nada sem o amor de Deus, que chega e muda o nosso interior e toda a nossa vida. Ele traz a solução para o que nem sabíamos ser um problema. Se avaliarmos com atenção, percebemos que um motivo para sorrir é algo passageiro, mas Cristo vai além dessas emoções. Nele, encontramos real felicidade.

O que as pessoas precisam hoje é acreditar que é possível encontrar a verdadeira alegria, e ela está Deus. Ele tem prazer em nos abençoar em todos os aspectos, seja em nossos relacionamentos, vida familiar ou até mesmo financeiramente, nos negócios. Essa canção fala, de forma muito clara, que as bênçãos do Senhor sempre são muito maiores do que queremos ou imaginamos. Mas é preciso haver uma entrega para que o encontro com Ele aconteça.

> As bênçãos do Senhor sempre são muito maiores do que queremos ou imaginamos.

Muitas pessoas estão solitárias por se recusarem a abrir seu coração a Deus e entregarem os planos, objetivos e sonhos pessoais nas mãos dele. Nessa realidade de tanta ostentação e fingimento, admitir que nos sentimos assim parece ser fraqueza. Muitos seguem na busca desenfreada por dinheiro, *status* ou relacionamentos, mas só em Cristo podemos encontrar o verdadeiro contentamento.

Jesus quer guiar VOCÊ

Ouça *Mais que um sonho* e compartilhe a poderosa mensagem de que a solução para o sentimento de vazio e falta de sentido do mundo não pode ser resolvida com *status*, poder, dinheiro ou reconhecimento humano. Apenas no Senhor, há uma vida de paz e alegria verdadeira. Basta que nos entreguemos e permitamos que Ele nos conduza.

Aponte a câmera do seu celular para este QR Code e ouça a música ***Mais que um sonho***. Deus vai falar ainda mais ao seu coração.

Minha oração

Minhas notas

22

AMIGO MAIS CHEGADO

Quem tem muitos amigos pode cair em desgraça; mas há amigo mais chegado que um irmão.

PROVÉRBIOS 18:24

AMIGO MAIS CHEGADO

Ele entrou na minha vida quando eu mais precisava
Foi alimentando minhas esperanças
E foi alegrando um triste coração

Ele enxugou as lágrimas, tirou as dores
Ele me livrou de todos os desamores
Ele me tirou de toda solidão

Jesus é muito mais do que paixão
Jesus, é todo Teu meu coração

Jesus é tudo que eu queria
É a Razão da minha vida
É o Amigo mais chegado, meu eterno Dono

Tudo que você quiser, pede para Ele
Quando você precisar, chama por Ele
Que Ele vai mudar o rumo do teu coração

Ele entrou na minha vida quando eu mais precisava
Foi alimentando minhas esperanças
E foi alegrando um triste coração

Ele enxugou as lágrimas, tirou as dores
Ele me livrou de todos os desamores
Ele me tirou de toda solidão

Jesus é muito mais do que paixão
Jesus, é todo Teu meu coração

Jesus é tudo que eu queria
É a razão da minha vida
É o amigo mais chegado, meu eterno Dono

Tudo que você quiser, pede para Ele
Quando você precisar, chama por Ele
Que Ele vai mudar o rumo do teu coração.

Com letra de Ezequiel Matos, *Amigo mais chegado* faz parte do álbum *Mais que um sonho*, que foi lançado pela gravadora Louvor Eterno, em 2000.

AMIZADE VERDADEIRA

Todos já nos frustramos com alguém que era importante para nós. A amizade citada em Provérbios 18:24, que fala de "amigo mais chegado que um irmão", é muito rara. Particularmente, não tenho muitos amigos próximos, pessoas com quem posso compartilhar e pedir ajuda para qualquer coisa e em qualquer momento. Afinal, com a maturidade, percebemos que nem todos os que nos cercam são de fato confiáveis.

Mas esse processo não é fácil e pode nos conduzir a um perigoso caminho de solidão e desesperança. Quantas vezes depositamos todas as nossas expectativas em uma amizade ou até mesmo em um relacionamento amoroso e acabamos frustrados? Quantas mulheres creem ter encontrado o homem que lhes trará a real felicidade — e vice-versa — e acabam frustradas? Mas tudo isso é terreno, falho e passageiro.

Por melhores que as pessoas possam ser, não demoramos para perceber que elas, assim como nós, não são perfeitas. E assim chega a desilusão, que pode nos levar ao isolamento. A dor desse tipo de frustração pode ser tão intensa que alguns até se afastam de Deus, da igreja e da fé, ficando totalmente prostrados e entregues a situações decepcionantes. E esse é um dos nossos maiores erros.

Amigo mais chegado é um cântico que nos lembra que só há um Amigo verdadeiramente confiável e perfeito: Jesus de Nazaré. Por mais que procuremos em outros lugares e pessoas, é aos pés de Cristo que podemos encontrar companhia e felicidade. Ele é muito mais do que um afeto ou paixão passageira; é o próprio amor, a definição do que é eterno e não se desgasta com o tempo nem com as adversidades.

> Só há um Amigo verdadeiramente confiável e perfeito: Jesus de Nazaré.

O coração é enganoso "e desesperadamente corrupto" (JEREMIAS 17:9), mas Jesus pode mudar o rumo dele caso o entreguemos em Suas mãos. Esse convite à entrega total é outro aspecto interessante desse cântico. Quando entregamos nosso coração ao Senhor, permitindo que Ele o molde. Assim, podemos ter a certeza de que o nosso Amigo enxugará nossas lágrimas; Ele pode nos livrar dos desamores e nos tirar da solidão.

Quero ser Teu amigo, SENHOR!

Entregue seu coração, com todos os traumas, vontades e sentimentos, ao Senhor. Entregue todas as áreas da sua vida nas mãos de Deus, inclusive seus relacionamentos. Permita que Ele seja verdadeiramente o seu eterno Dono. Escute *Amigo mais chegado* e tenha sua esperança renovada ao declarar para o seu melhor Amigo: "Jesus, é todo Teu meu coração!".

Aponte a câmera do seu celular para este QR Code e ouça a música ***Amigo mais chegado***. Deus vai falar ainda mais ao seu coração.

Minha oração

Minhas notas

23

SEMENTE DO SANGUE

Os que foram
semeados em boa
terra são aqueles
que ouvem a
palavra e a recebem,
frutificando a trinta,
a sessenta e a
cem por um.

MARCOS 4:20

SEMENTE DO SANGUE

Olhando o passado, eu vejo o sangue na arena
Dos nossos irmãos primitivos, morrendo então
E, como se fosse num vídeo, eu vejo as cenas
Dos nossos irmãos devorados por fortes leões

O sangue quente que corria
como enxurrada pelo chão
Era a semente do evangelho, era sinal de salvação
Pois cada alma que partia ia direto ao paraíso
Mesmo morrendo aos milhões,
para Deus, não era prejuízo

Eu sou a semente do sangue
Dos irmãos que morreram sangrando
Para manter o evangelho vencendo,
Eles iam morrendo, de Cristo falando

Eu sou a semente do sangue
Dos irmãos que tiveram coragem
De enfrentar os açoites e a morte
E levar a mensagem

Sei que Tiago foi morto ao ser decapitado
E Pedro foi crucificado de forma cruel
Sei que alguns foram mortos ao fio da espada
Sei que, também, eles estão lá no seio de Deus

Ninguém pensou em ser covarde
Morreram mesmo por amor
Não negaram um segundo
Que Jesus Cristo é Salvador

Eram firmados na promessa
Por Jesus Cristo garantida:
Quem for fiel até a morte,
Terá a coroa da vida

Eu sou a semente do sangue
Dos irmãos que morreram sangrando
Para manter o evangelho vencendo
Eles iam morrendo, de Cristo falando

Eu sou a semente do sangue
Dos irmãos que tiveram coragem
De enfrentar os açoites e a morte
E levar a mensagem.

Com letra de Daniel e Samuel, *Semente do sangue* faz parte do álbum *Unção divina*, que foi lançado pela gravadora Louvor Eterno, em 2001.

COMPRADOS POR PREÇO

Temos o privilégio de viver em um país onde temos liberdade para cultuar o Senhor. É claro que sofremos perseguições, mas ainda podemos declarar livremente que somos cristãos. Porém, esse privilégio parece ter feito com que nos tornássemos negligentes. Deixamos de ir aos cultos por coisas banais como o clima, o repertório das músicas ou até pela falta de pregadores famosos. O conforto nos deixou descompromissados.

Semente do sangue traz uma reflexão à igreja atual, pois nos lembra do alto preço pago por tantos irmãos que vieram antes de nós para que pudéssemos estar aqui hoje. Assim como no *In memoriam*, ele também relembra os sofrimentos dos mártires no início do cristianismo, mas mesmo exemplos mais recentes do cristianismo contemporâneo nos levam a refletir sobre esse esforço que não temos feito para adorar ao Senhor.

Nossos avós não tinham o conforto que temos atualmente. Muitos viajavam dezenas de quilômetros para evangelizar e se reuniam em casas simples ou em igrejinhas de madeira, sem qualquer luxo. Mesmo assim, foram eles que espalharam o evangelho por todo o país. Nós somos as sementes que foram plantadas por eles. Foi no sofrimento dos mártires e nas dificuldades dos pioneiros que chegamos aqui.

E o que temos feito para manter esse legado? Atualmente, declarar-se cristão parece ter virado moda. Muitos gostam de dizer que servem a Deus e são protegidos por Ele, mas não abandonam seu estilo de vida deliberadamente pecaminoso. Porém, o evangelho é sobre renúncia. Cristo conquistou nossa adoção como filhos de Deus com Seu próprio sangue, e o que se compra com sangue não pode ser banalizado.

Cristo conquistou nossa adoção como filhos de Deus com Seu próprio sangue.

Ser cristão é mais do que algo social ou um simples ajuntamento de pessoas. O evangelho promove transformação e nos fortalece para que tenhamos a mesma ousadia dos nossos irmãos que derramaram seu sangue para levar essa mensagem adiante. A semente que eles plantaram vive dentro de nós. Se permitirmos que ela brote, também seremos usados para anunciar a mensagem da cruz em nosso tempo.

Pelo sangue de JESUS

Escute ***Semente do sangue*** e reflita sobre qual tem sido o seu testemunho de fé. Sim, Deus usa os falhos, como Pedro, que negou Jesus três vezes. No entanto, o Jesus que morreu por ele *o curou*. Pedro passou a pregar a mensagem da cruz e morreu como um grande mártir. A semente de ousadia, conquistada com sangue, está disponível para nós hoje. Permita que ela brote.

Aponte a câmera do seu celular para este QR Code e ouça a música ***Semente do sangue***. Deus vai falar ainda mais ao seu coração.

Minha oração

Minhas notas

24

ESTOU NA BÊNÇÃO

Se ouvirem a voz do
Senhor, seu Deus,
sobre vocês virão e
os alcançarão todas
estas bênçãos.

DEUTERONÔMIO 28:2

ESTOU NA BÊNÇÃO

Já determinei que a vitória é minha,
ninguém vai tomar
Eu já declarei que na minha vida
bênçãos sempre vão estar
Eu já decidi que venha o que vier
ou passe o que passar,
Não vou desistir, de vitória em vitória
sempre vou andar

Sei que minhas lutas só vão me fazer crescer
E que, pouco a pouco, chego mais perto de Deus
E, se estou juntinho dele, posso confiar
Que Ele vai trazer minha vitória outra vez

Eu estou na bênção, e na bênção vou ficar
Quando a gente está na bênção, nada pode segurar
Eu estou na bênção, ninguém vai tirar de mim
Tudo o que Jesus já conquistou para mim.

Com letra de Nilton Cezar, *Estou na bênção* faz parte do álbum *Unção divina*, que foi lançado pela gravadora Som e Louvores, em 1989.

A VONTADE DE DEUS EM NÓS

Boa parte do meu repertório tem um tom exortativo. Ele chama o ouvinte a refletir, apontando para o fato de que Jesus está voltando. *Estou na bênção* é um pouco diferente; ele fala de encorajamento e nos convida a declarar que aquilo que Deus preparou para nós irá se realizar. Mesmo quando tudo dá errado e as pessoas afirmam que somos incapazes, o Senhor é quem determina todas as coisas.

Muitas vezes choramos com outros irmãos em suas aflições, abençoamos a vida deles e oramos para que eles sejam curados ou por qualquer outra causa de que necessitem. Todavia, de vez em quando, é importante olharmos para nós mesmos, para as nossas próprias necessidades e lutas, e declararmos uma palavra de esperança e de encorajamento para o nosso coração cansado e dolorido.

Gosto de como esse cântico pontua que as lutas nos fazem crescer e nos aproximam do Senhor. Quanto mais dificuldade, mais maturidade e renovo em nossa vida espiritual. Quando o mar está calmo, tendemos a orar pouco, cantar pouco, agradecer pouco e fazer tudo com pouco zelo; porém, na luta, achegamo-nos e rendemos nosso coração ao Pai, sabendo que podemos confiar nele em todos os momentos.

É claro que essa declaração de bênçãos deve ser feita com responsabilidade. Vivemos um momento em que as pessoas querem mais bênçãos do que o próprio evangelho, como se ele fosse secundário e as nossas prioridades e desejos viessem primeiro. É claro que Deus tem prazer em dar o que o nosso coração deseja; porém, antes disso tudo, é preciso ter uma vida reta e caminhar juntinho dele.

> Não posso viver de forma totalmente errada, e declarar que a vitória é minha!

Não posso viver de forma totalmente errada, e declarar que a vitória é minha! O Senhor tem grandes planos para nós, mas precisamos ser fiéis a Ele para vivê-los. E como as lutas dificultam essa fidelidade! Quantas vezes, somos abalados por traições e mentiras? Mesmo nesses momentos, é preciso nos lembrar de que o fato de nos mantermos firmes, ouvindo a voz do Senhor, é a chave para viver tudo o que Ele tem para nós.

Deus cumprirá o Seu PROPÓSITO

Ouça ***Estou na bênção*** e declare essa palavra de encorajamento sobre a sua vida. Não importa quantas perseguições você enfrente, siga firme, pois "O SENHOR firma os passos do homem bom e se agrada do seu caminho; se cair, não ficará prostrado, porque o SENHOR o segura pela mão" (Salmo 37:23-24). Ninguém tomará o que Ele já conquistou para você!

Aponte a câmera do seu celular para este QR Code e ouça a música ***Estou na bênção***. Deus vai falar ainda mais ao seu coração.

Minha oração

Minhas notas

25

VALOR DE UMA ALMA

*De que adiantará
uma pessoa ganhar
o mundo inteiro e
perder a sua alma?
Ou que dará uma
pessoa em troca
de sua alma?*

MATEUS 16:26

VALOR DE UMA ALMA

Irmão, você sabe o valor que tem uma alma?
Nem todos os recursos humanos poderiam pagar
O dinheiro, a prata e o ouro do mundo inteiro
É pouco demais para o valor de
uma alma poder comparar

Irmão, o valor de uma alma custou muito caro
É necessário sentirmos por ela imenso amor
Zelando, ensinando e orando e, às vezes, chorando
Devemos buscar todas as almas que Jesus comprou

Irmão, quantas vezes tem alma
ao teu lado chorando?
Sofrendo, gemendo com o fardo pesado de dor?
Se ela chegar perecer, você é o culpado
Tenhas cuidado, porque uma alma tem muito valor

Irmão, o valor de uma alma custou muito caro
É necessário sentirmos por ela imenso amor
Zelando, ensinando e orando e, às vezes, chorando
Devemos buscar todas as almas que Jesus comprou

Irmão, você lembra do ide do Mestre amado?
Não foi um pedido, mas ordem que Ele nos deu
Como podemos ficar com os braços cruzados
Se Ele, de braços abertos, por todos morreu?

Irmão, o valor de uma alma custou muito caro
É necessário sentirmos por ela imenso amor
Zelando, ensinando e orando e, às vezes, chorando
Devemos buscar todas as almas que Jesus comprou
Irmão, você sabe o valor que tem uma alma?

Com letra de Benedito Felizardo, *Valor de uma alma* faz parte do álbum *Valor de uma alma*, que foi lançado pela gravadora Som e Louvores, em 1989.

A MENSAGEM DO AMOR

Esse cântico tem uma letra forte e contundente que mexeu comigo desde a primeira vez que o escutei. O letrista, Benedito Felizardo, já falecido, escreveu-a após ouvir uma pregação sobre esse tema. Quando entrei em contato, ele logo me deu permissão para gravá-la e assim nasceu uma versão que alcançou muitas pessoas, até de fora do país. É um marco na minha história. Não existe Mara Lima sem o cântico *Valor de uma alma*.

O que mais marca essa letra para mim é a forma como ela nos desafia o tempo todo, refletindo se de fato entendemos a dimensão da mensagem do evangelho e se olhamos para as pessoas ao nosso redor da mesma forma que Deus olha para elas. A correria do dia a dia pode nos levar ao isolamento egoísta. Passamos pelos outros sem perceber que ali há uma alma por quem Jesus deu a Sua vida e verteu o Seu sangue.

As pessoas são preciosas para o Senhor. Não importa se estão em situação de rua ou aparentemente confortáveis, morando em casas luxuosas, *todas* carecem da graça e da misericórdia de Deus. Nós, como filhos e arautos dele, temos a missão de ensiná-las sobre isso. Mas quantas vezes somos negligentes, entrando e saindo dos lugares sem falar de Cristo, sem compartilhar o precioso amor dele nem mesmo com os nossos vizinhos!

Essa letra também nos lembra de que, se essas pessoas, que podiam ser alcançadas pelo evangelho por meio do nosso testemunho, vierem a perecer sem a oportunidade de ouvirem sobre Cristo, isso será cobrado de nós, que ficamos de braços cruzados e ignoramos essas almas tão valiosas para o Senhor. Como é forte e necessária essa mensagem! Não foram poucas as vezes que vi pastores refletindo sobre isso.

> As pessoas são preciosas para o Senhor.

O louvor também tem o dever de alertar o povo de Deus, despertando-o para a sua missão aqui na Terra. *Valor de uma alma* é um dos marcos na minha carreira, não apenas por seu sucesso, mas pelos resultados que alcançou. Além da reflexão para os cristãos, ele também foi a trilha sonora de muitas conversões. Pecadores que vinham aos prantos ao ouvirem sobre quão valiosos são para o Senhor!

Comece AGORA!

Ouça ***Valor de uma alma*** e reflita nessa letra. Peça ao Senhor ousadia e estratégias para cumprir o ide de Cristo. Busque estar atento às pessoas ao seu redor, lembre-se de que é seu dever anunciar que elas são muito valiosas para Deus. E que tal começar agora mesmo enviando esse cântico para alguém? Não fique de braços cruzados; permita-se ser usado pelo Senhor!

Aponte a câmera do seu celular para este QR Code e ouça a música ***Valor de uma alma***. Deus vai falar ainda mais ao seu coração.

Minha oração

Minhas notas

26

ONDE ESTÁ VOCÊ?

Meus irmãos,
se alguém entre
vocês se desviar da
verdade, e alguém
o converter, saibam
que aquele que
converte o pecador
do seu caminho
errado salvará da
morte a alma dele e
cobrirá uma multidão
de pecados.

TIAGO 5:19-20

ONDE ESTÁ VOCÊ?

Eu pergunto onde você foi
Que procuro e não consigo achar
Já disquei para o seu telefone
Chamei o seu nome e não quis me escutar

Até choro quando eu me lembro
Das canções que você cantava
Era forte e dominava o medo
Tinha o segredo não temia nada, nada

Mas deixou que o vento deste mundo levasse
Você para longe daqui
Hoje é uma ovelha, está ferida
Procurando a saída e não sabe onde ir

Onde está você?

Onde você está?

Seu lugar está vazio esperando você voltar

Volta depressa

Ocupar o seu lugar

Jesus te ama

A porta aberta está

Volta depressa.

Com letra de Wanderly Macedo, *Onde está você* faz parte do álbum *Mais que um sonho*, que foi lançado pela gravadora Louvor Eterno, em 2000.

VIGIE E ORE!

Uma das experiências mais tristes que um cristão pode vivenciar é ver um amigo ou familiar querido afastando-se dos caminhos de Deus. Alguém que servia na igreja com muito zelo, que era usado para cantar, pregar, ensinar e evangelizar, mas que, de repente, começa a se afastar dos cultos, dos amigos cristãos e dos eventos, chegando ao ponto em que só nos resta orar por essa pessoa e tentar algum tipo de aproximação.

Onde está você descreve essa procura. Ele é cantado a partir da perspectiva de quem sente falta desse irmão que se afastou dos caminhos do Senhor e está dedicado a trazê-lo de volta, mas acaba se deparando com a indiferença. Geralmente, quando uma pessoa está muito atolada no pecado, ela foge dos verdadeiros amigos, ignorando as mensagens de cuidado ou ligações de preocupação, pois não quer ser questionada.

No fundo, quem se afasta sabe que está vivendo uma mentira. A força de uma pessoa cristã reside em um segredo: o Espírito Santo. Quando estamos cheios de Deus, não tememos nada. Somos ousados, não temos medo do amanhã ou do presente, e o passado que nos atormentava não faz mais sentido. Mas, sem Deus, somos apenas ovelhas frágeis, feridas, sem pastor, procurando saída, e não sabemos para onde ir.

Um detalhe que se destaca para mim nessa letra é o deixar-se levar pelo vento do mundo. Se não estivermos atentos, nossa vida espiritual vai se enfraquecendo e podemos acabar na mesma situação daqueles que se afastaram. O apóstolo Paulo aconselhou aos gálatas que restaurassem os irmãos falhos com brandura, mas alertou-os: "...que cada um tenha cuidado para que não seja também tentado" (GÁLATAS 6:1).

> Manter-se firme nos caminhos do Senhor é uma decisão diária.

Manter-se firme nos caminhos do Senhor é uma decisão diária. Precisamos estar alertas sempre. Por fim, essa verdadeira poesia nos lembra de nosso valor para Deus. O lugar de quem se vai não é ocupado, mas continua ali aguardando que volte. Isso nos lembra do quão únicos somos para Aquele que nos criou. Enquanto houver vida, ainda há esperança para o filho que saiu da casa do Pai volte e seja restaurado.

Reconciliação com DEUS

Ouça ***Onde está você***. Envie esse cântico para alguém que está afastado dos caminhos do Senhor. Aproveite para mandar uma mensagem carinhosa, ligar ou até mesmo fazer uma visita presencial para que essa pessoa se sinta acolhida e amada. Não se esqueça de interceder a Deus por essa alma e por sua própria vida espiritual, para que você siga firma em direção ao céu!

Aponte a câmera do seu celular para este QR Code e ouça a música ***Onde está você***. Deus vai falar ainda mais ao seu coração.

Minha oração

Minhas notas

27

VAI SEMEANDO

E não nos cansemos
de fazer o bem,
porque no tempo
certo faremos a
colheita, se não
desanimarmos.

GÁLATAS 6:9

VAI SEMEANDO

O bom Lavrador já preparou a terra
Já passou o arado e já regou o chão
Tirou todos os espinhos
E preparou o caminho para os Gideões

Já mandou a chuva branda
para lavar a terra desses corações
Que se sentem tão sozinhos,
que precisam de carinho
Afogados no desgosto, vão morrendo aos poucos
Sem ter salvação

O bom Lavrador já fez a sua parte
Preparou a semente, pôs em nossas mãos
Para mostrar a este mundo
que ainda existe uma solução

Derramou na cruz Seu sangue
Sangue que liberta todo o pecador
E agora Ele só precisa de um semeador

Vai semeando, vai semeando
Que essa semente vai brotar
No peito desse sofredor

Vai semeando, vai semeando
E quando chegar o dia, o galardão vai receber
Pois todo aquele que semeia,
um dia também vai colher.

Com letra de Nilton Cezar, *Vai semeando* faz parte do álbum *Mais que um sonho*, que foi lançado pela gravadora Louvor Eterno, em 2000.

A TERRA JÁ ESTÁ PRONTA

Esse cântico tem uma poesia muito rica e sutil. Aqui o nosso Senhor Jesus Cristo é apresentado como um bom Lavrador que, com a morte de cruz, preparou a terra, passou o arado e regou o chão, deixando tudo pronto para que os Gideões, ou seja, *nós* semeássemos o evangelho. Essa letra nos desperta para o fato de que Deus já deixou tudo pronto e que agora resta fazermos a nossa parte.

Continuando a ilustrar a benignidade do Senhor, essa poesia diz que Ele manda uma chuva branda para nos auxiliar. As sementes precisam de água para germinar; por isso, entendo essa chuva como o recebimento do Espírito Santo. Embora a pregação seja feita por nós, é o Espírito quem convence o pecador. E Ele faz isso com leveza, trazendo bem-estar, como uma chuva branda que vem para fazer brotar e vivificar.

Tal chuva é derramada sobre a terra que Deus preparou, sobre os corações dos que se sentem desamparados. O evangelho chega na vida dessas pessoas como um verdadeiro carinho. Na solidão de uma vida pecaminosa, Cristo chega como uma semente que brota e vivifica todo o ser. Essa é uma chuva para os que precisam de alento, estão afogados no desgosto e vão morrendo aos poucos, sem ter salvação.

Como é maravilhoso enxergamos tudo isso de forma poética! Mas, infelizmente, ainda vemos muitas pessoas morrendo sem nunca terem ouvido a essência das boas-novas. Elas só ouvem falar do evangelho de forma superficial, conhecem apenas a religiosidade e não o cerne dessa mensagem. E aqui entra o nosso papel, pois Cristo já preparou a semente, disponibilizando a salvação, e nos deu autoridade para semeá-la.

Na solidão de uma vida pecaminosa, Cristo chega como uma semente que brota e vivifica todo o ser.

Vai semeando diz já no título qual deve ser a nossa postura: semear incessantemente! Esse cântico é uma reflexão que busca despertar a Igreja para alcançar as almas que ainda não aceitaram o evangelho e nos dá a certeza de que quando o grande dia chegar receberemos galardão por esse bom trabalho. Isso é extraordinário e nos lembra que aquele que semeia também colherá um dia. Teremos recompensa no céu; o nosso Pai terá prazer em nos retribuir!

Comece a SEMEAR

Acesse o QR Code abaixo para ouvir *Vai semeando* e refletir sobre a sua postura enquanto semeador da palavra de Deus. Qual foi a última vez que você teve coragem de evangelizar alguém? O que tem impedido você de fazer isso com maior frequência? Ore por oportunidades, estratégias, e para que você não desanime desse propósito. No tempo certo, seremos galardoados pelo que plantamos aqui.

Aponte a câmera do seu celular para este QR Code e ouça a música ***Vai semeando***. Deus vai falar ainda mais ao seu coração.

Minha oração

Minhas notas

28

PORTAIS ETERNOS

Levantem as suas
cabeças, ó portas!
Levantem-se,
ó portais eternos,
para que entre
o Rei da glória.

SALMO 24:7

PORTAIS ETERNOS

Quem é este que os anjos proclamaram:
"Levantai, ó portas, as vossas cabeças
Levantai, ó portais eternos, o Rei vai entrar
E vai preparar a festa para
um povo que o aguarda ansioso
Pois o Rei lhes prometeu que um dia voltará"?

Pois recebe o louvor que oferecemos
Mas deseja que Seu povo esteja
aqui no céu para o adorar
Deixe entrar o Rei da Glória para sempre
Deixe entrar o Rei da Glória para sempre
Pois em breve os anjos e os salvos vão cantar

É o Rei adorado, exaltado para sempre
É honrado, poderoso, magnífico
É fiel, entronizado, é invencível

Deixe entrar o majestoso, desejado, incomparável
Inconfundível, soberano, para sempre Ele é bendito
O Seu nome está acima de outros nomes
Ele é reconhecido pelos anjos
Adorado por Seu povo na Terra

Deixe entrar o Rei da glória para sempre
Dele é a força, o domínio e o poder
Toda a glória é Sua

Jesus, adorado, majestoso
Jesus, poderoso, vitorioso
Jesus, para sempre entronizado é Jesus

Jesus, Jesus, Jesus

Quem é este o Rei da Glória? É Jesus
Adorado pelos anjos, Jesus
Exaltado por Seu povo é Jesus
Para sempre o Seu nome é Jesus

Adorado, o primeiro, é o último
É o Alfa, é o Ômega, Princípio e Fim
É um Leão, é o que vem, é o que tem
O poder está em Suas mãos para sempre, amém

Primogênito, o único criado para Deus,
o próprio Deus
Para ser exaltado
Declarado que Seu nome tem poder
É o Rei da Glória para sempre exaltado

Jesus, Jesus

Adorado, majestoso, para sempre vitorioso
Exaltado para sempre é Jesus
Levantai, ó portais eternos, o Rei vai entrar!

Com letra de Vanilda Bordieri, *Portais eternos* faz parte do álbum *Portais eternos*, que foi lançado pela gravadora Louvor Eterno, em 2004.

JESUS, O REI DA GLÓRIA

A letra de *Portais eternos* é muito forte e faz parte do último álbum que tive a oportunidade de gravar sem ter qualquer problema na voz. Esse cântico começa grave e depois vai lá para cima, alcançando notas altas. É um estilo muito bonito para ser cantado por corais. Costumo brincar que é preciso ter cordas vocais e fôlego potentes para cantar essa composição que é bíblica, faz alusão ao Salmo 24, e fala de forma poderosa sobre a grandiosidade e majestade do Senhor.

Aqui somos mais uma vez levados para a esperança da vinda de Cristo, pois é citado que esse grande Rei vai entrar e preparar a festa para o povo que o aguarda ansioso: nós, os Seus filhos. Enquanto essa grande promessa não se cumpre, é importante que saibamos que Ele recebe o louvor que oferecemos desde aqui, mas também aguarda com ansiedade pelo dia em que o adoraremos face a face no céu.

Você já parou para pensar no quão bonita é essa realidade? Não apenas nós, mas o próprio Senhor também aguarda com grande expectativa pelo dia em que estaremos com os anjos vislumbrando Sua grandiosa entrada na sala do trono celestial. Deus tem saudades de Sua noiva, a Igreja, e espera que ela esteja pronta para o grande dia em que finalmente estaremos reunidos. Como não adorar perante tal prova de amor?

Como toda boa poesia, esse cântico nos permite interpretá-lo de diferentes formas. Penso que o convite de deixar entrar para sempre o Rei da glória também pode se referir ao próprio ouvinte, como se dissesse: "Ei, deixe que o Senhor entre pela porta do seu coração e faça morada em você eternamente!". Ao apresentarmos tantos adjetivos para Deus, mostramos porque esse é um convite que deve ser aceito.

> Deixe que o Senhor entre pela porta do seu coração e faça morada em você eternamente.

Os mais belos adjetivos foram reunidos nessa letra para engrandecer o nome do Senhor. Mesmo assim, sabemos que isso é pouco para descrever tudo o que Ele é. Gosto desse cântico porque ele é totalmente voltado para a exaltação da soberania de Deus. Em nossos momentos devocionais, quase sempre pedimos algo ao Senhor, mas aqui somos convidados a nos apresentarmos para simplesmente adorá-lo.

Exalte ao SENHOR

Escute *Portais eternos* e faça desse cântico a sua oração ao Senhor. Certamente, existem muitos pedidos em seu coração, mas tire o dia de hoje para apenas agradecer e declarar o quanto você anseia pela volta de Jesus, pelo dia em que estará com os anjos cantando e vislumbrando o trono celestial. Declare o quão grande Ele é e desfrute desse momento de entrega.

Aponte a câmera do seu celular para este QR Code e ouça a música ***Portais eternos***. Deus vai falar ainda mais ao seu coração.

Minha oração

Minhas notas

29

PEGUE A TUA PARTE

Jesus perguntou:

— O que você quer que eu lhe faça?

LUCAS 18:40-41

PEGUE A TUA PARTE

Pegue a tua parte, irmão
A mesa está bem farta
Pegue em abundância
Pois a tua esperança Cristo não deixou morrer

Encha o teu celeiro de bênçãos espirituais
Deixa que transborde
Que derrame até que sobre
Bênçãos nunca são demais

A mesa preparada em nossa frente
O anjo com a bandeja em suas mãos
Dos crentes a cabeça é ungida
Brasas vivas queimam corações

Cristo a cada um vai perguntando:
"Que queres que te faça, meu irmão?"
Hoje as bênçãos vêm em abundância
Estenda a Jesus Cristo a tua mão

Pegue a tua parte, irmão
A mesa está bem farta
Pegue em abundância
Pois a tua esperança Cristo não deixou morrer

Encha o teu celeiro de bênçãos espirituais
Deixa que transborde
Que derrame até que sobre
Bênçãos nunca são demais

A comida dessa festa é muito pura
As bênçãos vão de cura à ressurreição
Cegos, mudos, surdos e cancerosos
Recebem nessa festa perfeição

A entrada é franca, não precisa ingresso
Basta crer no nome de Jesus
Nem ser milionário e ter sucesso
É só tocar no sangue lá da cruz.

Com letra de Ezequiel Matos, *Pegue a tua parte* faz parte do álbum *O preço mais alto*, que foi lançado pela gravadora Louvor Eterno, em 1993.

BÊNÇÃOS NUNCA SÃO DEMAIS

Esse cântico é mais um dos que foram escritos pelo maestro Ezequiel Matos. Como fiquei feliz voltando a essa letra para escrever esta reflexão, pois só então percebi como ela é rica e contundente! *Pegue a tua parte* fala de forma direta não apenas com quem está à procura de Deus, mas com os cristãos que já vivem nele. Ele nos lembra de que a mesa está posta, o preço já está pago; agora cabe a nós tomarmos uma atitude.

Há abundância no Senhor, porém muitas vezes nós nos limitamos por preguiça ou costume e ficamos desnutridos e esqueléticos no sentido espiritual. Poderíamos estar transbordando de bênçãos espirituais, mas nos satisfazemos com uma vida cristã medíocre, sem buscar profundidade com Deus, e ficamos sempre em uma linha tênue com o pecado, próximos da desesperança e da infidelidade.

Aqui lembramos que o Senhor nos espera com um banquete e podemos nos servir o quanto quisermos! O que Ele nos oferece não são bens materiais e passageiros, mas dádivas espirituais, verdadeiros dons do Espírito Santo, que estão disponíveis de forma gratuita para nós. Esta frase também me chama atenção nessa letra: "A entrada é franca, não precisa ingresso"; ou seja: basta aceitar Jesus como Salvador da sua vida!

Infelizmente, muitos tentam vender o evangelho ou colocar-se como "porteiros" das bênçãos celestiais, cobrando valores altos até mesmo por objetos que supostamente trazem cura ou algum tipo de milagre. O Senhor despreza tudo isso, pois já pagou o preço por nossos pecados com Seu próprio sangue lá na cruz, permitindo que agora tenhamos livre acesso a Ele. A entrada para participar desse banquete já está paga!

> O Senhor nos espera com um banquete e podemos nos servir o quanto quisermos!

Como cristãos, podemos cair no erro de desvalorizar o que foi conquistado com tanto sofrimento para nós. O Senhor quer nos conceder dons espirituais para que o sirvamos com excelência, mas quando não o adoramos em espírito e em verdade, corremos o risco de recusar essa oferta tão valiosa, que é capaz de encher nossos celeiros até que eles transbordem. Que possamos tomar a decisão certa, lembrando que há vida eterna, vida em abundância, em Cristo Jesus!

Aceite mais do SENHOR

Ouça *Pegue a tua parte* e faça dessa a sua trilha sonora para se deliciar em um banquete celestial! Aceite mais do Senhor, peça dons espirituais, curas, milagres e maravilhas sem fim a Ele. Tudo isso pode ser vivenciado por quem o adora de todo o coração. Busque viver uma caminhada cristã que transborde o Espírito Santo de Deus!

Aponte a câmera do seu celular para este QR Code e ouça a música ***Pegue a tua parte***. Deus vai falar ainda mais ao seu coração.

Minha oração

Minhas notas

30

PÁSSARO LIVRE

A nossa alma foi salva, como um pássaro do laço dos passarinheiros; rompeu-se o laço, e nós nos vimos livres.

SALMO 124:7

PÁSSARO LIVRE

Como um passarinho ferido pelo predador
Caído em meio ao deserto, na escuridão
Tudo parecia acabado
Estava condenado a morrer

Foi quando eu encontrei o bom Samaritano
Foi quando eu encontrei o bom Samaritano
Deu-me nova vida, me fez vencedor
Curou-me as feridas, deu-me Seu amor

Posso voar livremente para onde eu quiser
Posso cantar no horizonte com liberdade
Pois as feridas já foram saradas
E eu alçarei meu voar para a glória

Em Cristo encontrei liberdade
Com Ele seguro eu estou
Sou eu, como um pássaro livre
Pronto para voar.

Com letra de Tony e Tito, *Pássaro livre* faz parte do álbum *Varão de Branco*, que foi lançado pela gravadora Louvor Eterno, em 1997.

LIVRES DA MORTE

Pássaro livre é um cântico lindo. Creio que a melodia é uma das mais bonitas do meu repertório. Eu gosto tanto dela que cheguei a incluí-la no DVD em que comemorei 35 anos de ministério em um *medley* com *Andorinha*. Naquela ocasião de gravação, fizemos uma projeção no vestido que eu estava usando para que lembrasse um pássaro. Foi algo bem sofisticado e tecnológico.

Mais uma vez Tony e Tito, meus parceiros nas composições, trouxeram uma poesia profunda para falar sobre o amor de Deus por nós e quem nós éramos antes de sermos resgatados por Ele. Aqui somos comparados a um passarinho que é ferido pelo predador. Entendo que esse predador é qualquer tipo de pecado: a prostituição, as drogas, o amor pelo dinheiro, ou seja, tudo aquilo que nos afasta da vontade divina.

Tudo isso é uma armadilha do inimigo contra nós. Alguém que se vê rodeado por esses pecados logo se sente sem esperança, na escuridão, como se tivesse caído em meio ao deserto. O sentimento é que não há mais saída e que a pessoa já está fadada ao fracasso. Muitas vezes, isso a leva a se afundar ainda mais no pecado, pois pensa que, como já está condenada, não há razão para tentar melhorar.

Mas é justamente nesse momento que ela pode encontrar o bom Samaritano, o Cristo que dá livramento, sara as feridas e permite que ela volte a voar com liberdade e direção. E acho muito bonito pensar que nós também podemos ser os bons samaritanos na vida de alguém que está passando por um momento de desesperança. O evangelho que trazemos conosco tem poder de mudar vidas e histórias. Precisamos compartilhá-lo!

O evangelho que trazemos conosco tem poder de mudar vidas e histórias. Precisamos compartilhá-lo!

Agora que o Senhor nos libertou das amarras do pecado, podemos declarar como o salmista, dizendo que Ele livrou a nossa alma assim como os pássaros são salvos do laço do passarinheiro (VEJA SALMO 124:7). O laço da morte, que era o nosso castigo, foi rompido. Agora somos livres para voar, cantar e anunciar as boas-novas de salvação para todos que nos cercam. Em Cristo, estamos seguros para alçar voo até o céu!

Voe ALTO!

Medite na letra de ***Pássaro livre*** e declare com fé: "Em Cristo, posso voar livremente; posso cantar no horizonte com liberdade. As feridas já foram saradas, e eu alçarei meu voar para a glória!". Agradeça por sua salvação e por ter sido liberto das armadilhas do pecado. Lembre-se de que já não existem amarras que o impeçam de viver plenamente uma vida de santidade com o Senhor!

Aponte a câmera do seu celular para este QR Code e ouça a música ***Pássaro livre***. Deus vai falar ainda mais ao seu coração.

Minha oração

Minhas notas

31

ABENÇOADO

Ora, a fé é a
certeza de coisas
que se esperam, a
convicção de fatos
que não se veem.

HEBREUS 11:1

ABENÇOADO

Estou aqui para ser abençoado
Estou aqui para ser abençoado
Não vou embora sem levar a minha bênção
Estou aqui para ser abençoado

Existem tantos como a mulher de Ló
Numa existência assim tão só
Por não crerem no que Deus falou
É a solidão do deserto, da falta de fé
É gente assim como Tomé
Que precisam ver para crer

Mas a Palavra já fez efeito em mim
Creio que não é fim
A minha bênção vou levar

Também conheço gente como o jovem rico
Apegado ao material
Incapaz de tudo dar
Mas também há outros como Abraão
Que oferece no altar o Isaque de valor

Gente assim não tem medo de ousar
Eu também quero ofertar
A minha bênção vou levar

E pela fé já estou abençoado
E pela fé já estou abençoado
Fiquei aqui para levar a minha bênção
E pela fé já estou abençoado

E pela fé você está abençoado
E pela fé você está abençoado
Ficou aqui para levar a sua bênção
E pela fé você está abençoado

Seja abençoado!

Com letra de Marcelo Dias e Fabiana, *Abençoado* faz parte do álbum *Abençoado*, que foi lançado pela gravadora Louvor Eterno, em 2007.

FÉ E RESILIÊNCIA

Abençoado é para aqueles momentos em que estamos na igreja, no trabalho ou até mesmo em casa, em um momento pessoal com Deus. Naquela ocasião de rendição, entrega e espera pelo sobrenatural, quando nos derramamos com todo o nosso ser aos pés dele e esperamos ser abençoados. É uma declaração de fé em que dizemos: Creio que o Senhor pode me abençoar; só vou embora depois dessa bênção! (VEJA GÊNESIS 32:26).

Em muitos momentos de nossa caminhada, precisamos de determinação para continuar. Travamos muitas batalhas contra o inimigo, o pecado, as pessoas que nos perseguem ou até contra nós mesmos, e muitas vezes não enxergamos um fim. Mas precisamos nos fortalecer e decidir encarar tudo isso com fé, confiando que sim, o nosso Deus já venceu tudo isso e já nos deu a vitória. Nós somos abençoados!

Creio que esse já um passo em direção ao recebimento dessa bênção, pois mostra que estamos passando pela prova sem renunciar a nossa confiança no Senhor e sem olhar para trás. Nessa letra, citamos a mulher de Ló, que representa justamente o medo de seguir adiante e o apego ao passado que, na realidade, era triste e solitário, pois não contava com a esperança e direção que vêm das promessas de Deus.

Outro exemplo é o de Tomé, que precisou ver para crer que Jesus havia ressuscitado. Cristo foi bondoso com ele, permitindo que tocasse em Suas chagas, mas não deixou de declarar: "Você creu porque me viu? Bem-aventurados são os que não viram e creram" (JOÃO 20:29). Por fim, encontramos ainda os que são como o jovem rico, que deixou de seguir Jesus por amor ao dinheiro e aos bens materiais que possuía.

Em momentos de crise, devemos olhar para a vida com os olhos da fé, assim como fez Abraão, disposto a dar seu único e valioso filho em um ato de amor e obediência ao Senhor. Quando tudo parece dar errado e sem solução, precisamos nos mostrar resilientes perante o Senhor, declarando que Ele já conquistou a vitória para nós. No tempo certo, Ele nos abençoará. Deus se alegra com corações persistentes e quebrantados!

Deus se alegra com corações persistentes e quebrantados!

Tome a sua BÊNÇÃO!

Em Cristo, somos mais que vencedores! Por isso, escute *Abençoado* e faça desse cântico a sua oração. Mesmo que a situação pareça impossível e você já esteja cansado de tanto lutar sem ver uma saída, escolha encarar as provações com os olhos da fé. Seja ousado e declare: "A Palavra já fez efeito em mim. Este não é o fim! A minha bênção vou levar! Pela fé, eu já estou abençoado!".

Aponte a câmera do seu celular para este QR Code e ouça a música ***Abençoado***. Deus vai falar ainda mais ao seu coração.

Minha oração

Minhas notas

32

CORAÇÃO FERIDO

Sacrifício agradável
a Deus é o espírito
quebrantado;
coração quebrantado
e contrito, não o
desprezarás, ó Deus.

SALMO 51:17

CORAÇÃO FERIDO

Chora coração, coração ferido
Chore a tua dor qual uma criança
que está diante do pai
Chora coração, peça o que quiseres
Ele te dará, não te negará
Ele é o Pai de amor

Queres alegria? Peças para Jesus
Queres paz na vida? Peças para Jesus
Fim ao sofrimento? Peças para Jesus
Só Ele tem poder, só Ele é a solução
Peças para Jesus

Chora coração, coração ferido
Chore a tua dor, qual uma criança
que está diante do pai
Chora coração, peças o que quiseres
Ele te dará, não te negará
Ele é o Pai de amor

Estás desanimado? Conta para Jesus
Se estás enfermo? Confia em Jesus
Precisas de poder? Peça para Jesus
Só Ele tem poder, virtude e amor
Peças para Jesus.

Com letra de Ezequiel Matos, *Coração ferido* faz parte do álbum *Coração ferido*, que foi lançado pela gravadora Som e Louvores, em 1994.

CORAÇÃO QUEBRANTADO

Esse cântico me lembra *Pássaro livre* porque também começa falando de alguém que está ferido. Ele foi escrito pelo meu maestro Ezequiel Matos e traz uma comparação bem interessante entre nós e as crianças que choram quando têm uma necessidade que precisa ser suprida pelos pais delas. Gosto dessa analogia porque ela transmite perfeitamente a entrega que precisamos ter diante do Senhor.

A criança que está com fome, sede, sono ou qualquer tipo de desconforto se entrega ao choro de forma desesperada. Ela se joga e lamenta de verdade, com um grito que vem do fundo da alma. Quando crescemos, sabemos que não podemos ter esse tipo de reação diante das frustrações. Vamos nos contendo e lidando melhor com as emoções, mas quando falamos de vida espiritual, não é possível mascarar o que verdadeiramente sentimos.

Quem está com o coração ferido apresenta-se diante do Pai como se fosse uma criança pequena e indefesa, totalmente vulnerável à vontade dele. E conforme nos ensina o salmista, é assim que devemos comparecer ao trono celestial, pois "Perto está o Senhor dos que têm o coração quebrantado" (SALMO 34:18). Isso é um sacrifício agradável para Ele e que certamente não será desprezado (VEJA SALMO 51:17).

Coração ferido fala de humildade, pois é preciso reconhecer que precisamos de ajuda do alto para prosseguir. Muitas pessoas não conseguem ser humildes e creem receber bênçãos divinas por seus próprios méritos; outras pensam que já têm o bastante e não necessitam de mais nada. Mas nada disso é verdade. Todos temos algo a melhorar e só podemos fazer isso mediante o poder que o Senhor nos concede.

A lista de pedidos que esse cântico apresenta — alegria, paz na vida, fim ao sofrimento, ânimo e saúde — também se destaca, pois não são coisas banais e passageiras. Não estamos cantando sobre pedidos materiais, mas desejos significativos. Em Cristo, encontramos a verdadeira felicidade e contentamento. Nele, vivenciamos o sobrenatural. Ele é a solução para as feridas mais profundas do coração.

Em Cristo, encontramos a verdadeira felicidade e contentamento. Nele, vivenciamos o sobrenatural.

Apresente seu CORAÇÃO

Escute *Coração ferido* e seja reanimado por essa palavra de esperança! Apresente seu coração ao Senhor com humildade e permita que Ele cure as mais profundas feridas. Creia que o seu choro será ouvido e a sua oração respondida. Deus é a solução para o seu problema! Ele tem poder e é um Pai de amor que não despreza um coração contrito e quebrantado.

Aponte a câmera do seu celular para este QR Code e ouça a música ***Coração ferido***. Deus vai falar ainda mais ao seu coração.

Minha oração

Minhas notas

33

VOAREI

*Pois a nossa pátria
está nos céus, de
onde também
aguardamos o
Salvador, o Senhor
Jesus Cristo.*

FILIPENSES 3:20

VOAREI

Muito em breve eu irei para muito longe
Bem distante das tristezas deste mundo
Onde as lágrimas que molham o meu rosto
Nunca mais terei que enxugar

Onde o descanso lá me espera
Onde a vida nunca se encerra

Voarei além do céu, além das estrelas
Voarei alto como um pássaro
Com asas de anjos voarei
Voarei em direção a minha pátria
Com os milhões de salvos eu vou
Me encontrar com o meu Senhor lá em Sião

Ansioso eu espero este dia
Onde muitos que já foram vou rever
Sei que este dia não, não vai demorar
Pois sinais já anunciam Sua volta

Ah, como eu quero ir para o meu novo lar
Ah, como eu quero meu Jesus encontrar

Voarei além do céu, além das estrelas
Voarei alto como um pássaro
Com asas de anjos, voarei
Voarei em direção a minha pátria
Com os milhões de salvos eu vou
Me encontrar com meu Senhor lá em Sião.

Com letra de Marcos Pereira, *Voarei* faz parte do álbum *Varão de Branco*, que foi lançado pela gravadora Louvor Eterno, em 1997.

A IGREJA E SUA PÁTRIA

Falar sobre a nossa pátria celestial e nossa ida para o céu pode nos trazer um misto de emoções. Essa é certamente uma excelente notícia e nossa grande esperança. Porém, na correria diária, pode acabar se tornando um assunto esquecido. Às vezes, ouvimos tão pouco sobre o céu em nossas mensagens que dedicamos algum tempo para refletir sobre isso somente quando perdemos alguém.

A morte de uma pessoa sempre nos obriga a pensar sobre a finitude da vida e qual será a consequência eterna de nossas escolhas. Para os cristãos, essa notícia não é recebida de forma negativa, e sim com esperança. Os salvos em Cristo anseiam pelo dia em que estarão reunidos com Ele na nova Jerusalém, pois sabem que assim estarão livres de toda a tristeza e ilusão desse mundo.

Lá também poderemos encontrar as pessoas queridas que já se foram, tanto os heróis da fé registrados na Bíblia — e que com certeza gostaríamos de conhecer — quanto amigos e entes queridos que partiram e agora estão no descanso eterno. No céu, toda a Igreja que padece longe de sua pátria estará reunida como um grande coral, admirando o Senhor face a face e louvando o nome dele eternamente.

Como é bom pensar sobre isso e imaginar como será esse encontro! Mais incrível ainda é saber que a realidade superará os nossos melhores sonhos. Mesmo assim, ainda existem muitas pessoas que falam do céu com medo, como se o arrebatamento da Igreja ou o momento da nossa morte fosse algo triste e ruim. Os verdadeiros cristãos têm certeza de salvação. Por isso, não temem o último dia e anseiam por ele!

Os verdadeiros cristãos têm certeza de salvação. Por isso, não temem o último dia e anseiam por ele!

Certamente, o céu é um assunto que desperta temor, principalmente porque precisamos estar preparados, andando nos caminhos do Senhor e vivendo de acordo com a vontade dele para nós. Entretanto, não devemos sentir medo dele, pois a volta de Cristo nos trará muita alegria. Naquele dia, "não existirá mais morte, já não haverá luto, nem pranto, nem dor, porque as primeiras coisas passaram" (APOCALIPSE 21:4).

Sonhe com o CÉU

Ouça *Voarei* e sonhe com esse dia tão aguardado pela Igreja! Lembre-se de que o céu nos aguarda com muitas maravilhas. Lá estaremos face a face com o nosso Pai celestial e nos reuniremos com os nossos irmãos em Cristo. Finalmente, iremos para a nossa amada pátria. Ore pedindo para que este dia chegue logo e declare com fé: "Eu vou me encontrar com o meu Senhor lá em Sião!".

Aponte a câmera do seu celular para este QR Code e ouça a música ***Voarei***. Deus vai falar ainda mais ao seu coração.

Minha oração

Minhas notas

34

O MEIO DA HISTÓRIA

Bem-aventurado é aquele que suporta com perseverança a provação. Porque, depois de ter sido aprovado, receberá a coroa da vida, a qual o Senhor prometeu aos que o amam.

TIAGO 1:12

O MEIO DA HISTÓRIA

A vida tem começo, meio e fim
Nela as coisas são assim
Mas quando temos pressa de vitória
Queremos mudar a história, ver logo o final
Queremos começar construir pelo telhado
Subir uma escada pelo último degrau
Mas esquecemos que uma jornada
Começa pelo primeiro passo
E se desistirmos na metade
Será só mais um fracasso

Eu sei que no estágio em que você está
As dúvidas assaltam para te fazer parar
É como Israel que saiu do Egito
Mas ainda não chegou em Canaã
É como Davi fugindo do rei Saul
Não é mais um pastorzinho
Mas ainda não é rei

Esse é o meio do caminho
É o meio da história
Mas pague o preço nessa trajetória
Sua história de batalha
Será história de vitória

A fuga de Davi culmina lá no trono
A solidão de Elias num carro de fogo
O calabouço de José forma governador
O meio da história pode até ser de dor
Mas pense: Como será o final?
É vitória total

O meio da história é de humilhação
Mas o final dela é de exaltação
No meio da história tem preço a pagar
Mas no final dela você vai cantar

Valeu a pena a dor, a angústia e o choro
Valeu a pena a dor, a angústia e o choro
Valeu a pena
Para obter a vitória de Deus
Suporte o meio da história.

Com letra de Marcelo Dias e Fabiana, *O meio da história* faz parte do álbum *Abençoado*, que foi lançado pela gravadora Louvor Eterno, em 2007.

PERSEVERANÇA PARA VENCER

Quando temos um repertório musical muito amplo, algumas canções acabam passando despercebidas pelo público. A própria dinâmica de lançamento e divulgação dos álbuns para as rádios faz com que isso aconteça. Assim, boas letras acabam sendo pouco cantadas nas igrejas, o que não significa que elas não tenham uma excelente mensagem. *O meio da história* é um desses casos e por isso a incluí neste livro.

Esse cântico fala sobre a dura realidade da vida, que começa já tendo hora para acabar e reserva muitos desafios para todos nós. É preciso ter perseverança para enfrentar os inúmeros processos aos quais seremos expostos e entender que eles são importantes para o nosso crescimento. É na dificuldade que somos moldados e ganhamos experiência, provando para os outros e para nós mesmos que somos capazes de superar as adversidades.

Entretanto, perseverar não é fácil. Temos pressa pela vitória e pelo fim das provações. Como os letristas colocaram, de forma poética, nesse cântico: queremos começar a construir pelo telhado e subir pelo último degrau, tendo em mente a visão do fim, mas nos esquecendo que é preciso firmar os alicerces primeiro para só então chegar lá. É precisar dar o primeiro passo para só então prosseguirmos.

De nada adianta darmos o primeiro passo se desistirmos no meio do caminho. É preciso perseverar para desfrutar da vitória!

Com diversos exemplos bíblicos, somos levados a refletir sobre outras pessoas que também já passaram por processos difíceis e desafiadores. José foi escravo antes de virar governador, Davi foi pastor de ovelhas antes de tornar-se rei, e Elias chegou a desejar o fim da própria vida antes de ser arrebatado. O que os diferenciou foi não desistir no meio do caminho, mas persistir até que a vitória chegasse.

Não podemos dizer o mesmo do povo que foi liberto do Egito, mas morreu sem entrar na terra prometida por sua incredulidade (VEJA NÚMEROS 14:22-23). Eles viram coisas grandiosas, mas não viveram a promessa por falta de fé no Senhor. Que lição poderosa Deus nos ensina com esse exemplo! De nada adianta darmos o primeiro passo se desistirmos no meio do caminho. É preciso perseverar para desfrutar da vitória!

Persista no PROCESSO

Escute *O meio da história* e seja despertado por essa letra. Não sei em que estágio da caminhada você está. Talvez precise dar um primeiro passo ou quem sabe já está muito cansado, mas lembre-se de que Deus é fiel e poderoso para lhe dar vitória. Siga firme, sabendo que a dor, a angústia e o choro valerão a pena. Lembre-se de que os vencedores são aqueles que perseveram no meio da história!

Aponte a câmera do seu celular para este QR Code e ouça a música ***O meio da história***. Deus vai falar ainda mais ao seu coração.

Minha oração

Minhas notas

35

INTERCESSOR

Portanto, confessem os seus pecados uns aos outros e orem uns pelos outros, para que vocês sejam curados. Muito pode, por sua eficácia, a súplica do justo.

TIAGO 5:16

INTERCESSOR

De repente eu me encontrei só
De joelhos falando com Deus
De repente eu me vi chorando
E sentindo a graça de Deus

De repente eu me vi orando
E pedindo ao Pai por você
Deus colocou você em minha vida
Para interceder por ti

Não vou desistir enquanto sua bênção não vir
Eu vou levar seus problemas diante do Pai
Juntando sua fé com a minha, unidos no amor
A oração de um justo muito valerá
Eu não vou desistir de você, meu irmão
Enquanto sua bênção não vir

Se Deus está lhe chamando para orar
É que um grande milagre Ele quer operar
Pedro estava na prisão e a igreja orava a Deus
Enquanto eles intercediam
Deus mandou um anjo para lhe socorrer

Não vou desistir enquanto sua bênção não vir
Eu vou levar seus problemas diante do Pai
Juntando sua fé com a minha, unidos no amor
A oração de um justo muito valerá

Não vou desistir enquanto sua bênção não vir
Eu vou levar seus problemas diante do Pai
Juntando sua fé com a minha unidos no amor
A oração de um justo muito valerá.

Com letra de Manoel Pedro Viana, *Intercessor* faz parte do álbum *Abençoado*, que foi lançado pela gravadora Louvor Eterno, em 2007.

CHAMADOS PARA INTERCEDER

A intercessão é um ministério para o qual todos os cristãos são chamados. Entre os diversos conselhos que Tiago oferece em sua carta, um dos que mais se destacam fala de comunhão, afirmando que devemos confessar nossos pecados e orar uns pelos outros. A súplica de um justo pode alcançar muitas coisas (VEJA TIAGO 5:16). *Intercessor* fala justamente sobre esse dever de nos apoiarmos em oração.

Como cantora assembleiana, uma das coisas que mais admiro em minha denominação é o Círculo de Oração. Ali as irmãs se reúnem para pedir por cura, milagre, restauração, fortalecimento e até mesmo para que alguém seja alcançado pelo evangelho. Quando precisamos de oração, podemos contar com essas mulheres de Deus que estão sempre dispostas a interceder em nosso favor sem esperar nada em troca.

Esse chamado a interceder não é feito apenas a elas, mas se estende a todo fiel. Muitas vezes, Deus nos coloca em contato com a vida de outras pessoas para que sejamos intercessores. É preciso termos sensibilidade para reconhecer quando esse é o caso. A letra desse cântico descreve alguém que se vê nessa situação, a ponto de chorar pelos problemas dos outros. Esse é o verdadeiro amor e comunhão que deve existir entre os filhos de Deus.

Em meu ministério, tenho o privilégio de contar com pessoas que intercedem por minha vida e caminhada. Por muitos anos, minha sogra ocupou o papel de intercessora em minha vida. Após o falecimento dela, uma de suas amigas próximas, a irmã Francisca, começou a interceder por mim, mas ela também foi levada pelo Senhor, e agora já faz quatro anos que conto com as orações da irmã Mônica.

> Muitas vezes, Deus nos coloca em contato com a vida de outras pessoas para que sejamos intercessores.

Todas essas mulheres foram canal de bênçãos na minha vida. A minha fé foi fortalecida pela fé delas, e creio que o contrário também aconteceu. Esse é o tipo de comunhão que o Senhor quer para nós. Ele deseja que Seus filhos orem e chorem juntos, sentindo amor uns pelos outros e estando constantemente informados de que não são autossuficientes, mas precisam de apoio mútuo para seguir lutando até o céu!

Ore por ALGUÉM!

Hoje quero lhe convidar a interceder por alguém. Qual foi a última vez que você chorou por uma petição que não era sua ou orou por uma causa que não estava diretamente ligada a você? O Senhor nos chamou para sermos intercessores neste mundo. Peça para que Ele lhe mostre as pessoas ao seu redor que precisam da sua oração. Escute ***Intercessor*** e atenda a esse lindo chamado!

Aponte a câmera do seu celular para este QR Code e ouça a música ***Intercessor***. Deus vai falar ainda mais ao seu coração.

Minha oração

Minhas notas

36

ANDORINHA

Oh! Como é bom
e agradável viverem
unidos os irmãos!

SALMO 133:1

ANDORINHA

Outro dia me senti tão só com o peso da cruz
Um dia tornou-se noite e a lua não deu sua luz
Procurei um ombro amigo para desabafar
Mas, infelizmente, não consegui achar

Pensei: "Vou seguir sozinha, eu tenho que tentar"
Foi quando no temporal, ouvi uma voz a me dizer:
"Se a luta é tão grande, sozinha não vais vencer"

Como uma andorinha
voando sozinha não faz verão
Como um barco à deriva
sendo açoitado pelos vendavais
Assim é a nossa vida:
quando vem a luta, nos falta fé
Nesse momento gritamos:
"Socorre-nos, Homem de Nazaré!"

Tu pensas em seguir sozinha
com o peso da sua cruz?
Cristo, verdadeiro Amigo, está a lhe dizer:
"Se a luta for tão grande, sozinha não vais vencer"

Como uma andorinha
voando sozinha não faz verão
Como um barco à deriva
sendo açoitado pelos vendavais
Assim é a nossa vida:
quando vem a luta, nos falta fé
Nesse momento gritamos:
"Socorre-nos, Homem de Nazaré!".

Com letra de Wanderly Macedo, *Andorinha* faz parte do álbum *Regresso*, que foi lançado pela gravadora Som e Louvores, em 1990.

LIMITADOS E DEPENDENTES

Esse é mais um dos meus cânticos de esperança. Não gosto de usar a expressão "autoajuda", pois acho que ela ganhou conotações muito negativas, mas certamente essa letra traz conforto para quem está ouvindo e pretende fortalecer o ouvinte, lembrando que ele não está sozinho em suas lutas. Esse é um tema recorrente em meu repertório por ser algo que todos nós vivemos em diversas fases de nossa vida.

Andorinha começa falando sobre o peso da cruz. Aquele sentimento de que ninguém pode nos ajudar e que, por mais que procuremos um ombro amigo para desabafar, não conseguimos encontrar. É nesse momento de desamparo que tomamos a decisão de seguirmos sozinhos, de pelo menos tentar, mesmo sem nenhum apoio ou alguém que possa nos ajudar a prosseguir.

Então, no meio da turbulência, da aflição e do sofrimento, ouvimos uma voz suave, que creio ser o próprio Espírito Santo ministrando ao nosso coração, dizendo: "Ei, você não vai dar conta sozinho. Deixe que Eu ajudo você". Em meio aos vendavais da vida, quando tudo parece dar errado, temos Cristo conosco. Ele não quer que caminhemos sozinhos e está sempre ao nosso lado para ajudar-nos; basta pedirmos por Seu socorro.

Ao citar as andorinhas que não voam sem companhia, essa letra do Wanderly Macedo nos relembra da importância de termos irmãos ao nosso lado. Assim como esses pássaros andam em bandos, guiando-se durante suas longas migrações ou até mesmo durante as caças, os filhos de Deus também não podem viver isolados. Necessitamos uns dos outros para suportarmos o peso da nossa cruz.

> Em meio aos vendavais da vida, quando tudo parece dar errado, temos Cristo conosco.

Mais uma vez, imaginamos o Senhor falando conosco e nos lembrando de nossa finitude, mas sempre com o amor e cuidado que lhe são característicos. Não somos autossuficientes nem conseguimos fazer tudo sozinhos. Isso faz parte do plano do nosso Pai celestial, que se alegra em nos ajudar e em ver Seus filhos juntos, em comunhão, suportando e apoiando uns aos outros. Se a luta é grande, Deus pode e *quer* nos ajudar!

Peça SOCORRO!

Escute ***Andorinha*** e seja fortalecido por esse cântico de esperança. Lembre-se de que o Homem de Nazaré, nosso verdadeiro Amigo, está conosco em todos os momentos. Mesmo no silêncio, Ele está agindo em nosso favor. Não se isole nem enfrente suas batalhas sozinho. Peça socorro ao Senhor e aos irmãos que estão à sua volta. Afinal, uma única andorinha não pode fazer verão.

Aponte a câmera do seu celular para este QR Code e ouça a música ***Andorinha***. Deus vai falar ainda mais ao seu coração.

Minha oração

Minhas notas

37

VENÇA ADORANDO

Mas vem a hora —
e já chegou — em
que os verdadeiros
adoradores adorarão
o Pai em espírito e
em verdade. Porque
são esses que o Pai
procura para seus
adoradores.

JOÃO 4:23

VENÇA ADORANDO

Quem vai calar a voz de alguém
Que nasceu para adorar o Rei?
Quem pode abafar o som
Do coração de um adorador?

Tudo o que sei é adorar
Adorar em espírito e em verdade
Adorar para mim não é escolha
Mais do que querer, é uma necessidade

Eu venho de batalhas que venci com meu louvor
Atravessei desertos adorando ao Senhor
E, quando faltou voz, eu me derramei
E o som da minha lágrima Deus recebeu também

Adorar a Deus é muito mais do que cantar
Adoração não é somente o som de uma canção
É honrar a Deus com tudo o que é seu
Quebrantado coração é sacrifício para Deus

Adore aplaudindo, dando glórias ou cantando
Adore sentado, de pé e até saltando
Não fique indiferente à presença do Senhor
Deus está procurando quem é adorador

Adore ofertando, erguendo as mãos e perdoando
Adore se humilhando, se rendendo, se entregando
Adore e se libere e esqueça quem está do seu lado
Rouco e desafinado, solte a sua voz

Adore, não importa a situação
Adore, mesmo em meio a provação
Adore, vença adorando
Vença adorando, adore.

Com letra de Leandro Borges, *Vença adorando* faz parte do álbum *Eu creio em milagres*, que foi lançado pela gravadora Louvor Eterno, em 2014.

UM CORAÇÃO ADORADOR

Esse cântico foi um presente do Leandro Borges para mim e chegou em um momento muito delicado na minha caminhada cristã. Foi quando eu comecei a não conseguir cantar nem alcançar notas altas. O problema na minha voz já estava bem avançado. Então eu encontrei o Leandro, contei o que estava acontecendo, e ele escreveu essa canção que é suave, num tom mais baixo, para que eu conseguisse acompanhar.

Mas além da questão musical, a letra de *Vença adorando* também passa uma mensagem muito forte. Ela conseguiu traduzir perfeitamente o que eu sentia naquele momento, em que me via incapacitada para adorar, e questiona: Quem ou o que é capaz de calar a voz de quem nasceu para adorar o Rei dos reis? Quem pode abafar o som do coração de um adorador?

Essa letra nos lembra que não há apenas uma única forma de adorar e ressalta que os verdadeiros adorares não podem ser calados. A segunda estrofe cita algo que me descreve muito bem, pois de fato venci batalhas com o meu louvor e vi a minha vida sendo transformada por meio dele. E, quando a minha voz falhou, sei que o som das minhas lágrimas também chegou como cheiro suave ao trono do Senhor.

Mesmo que a nossa voz venha a ser calada, o nosso coração continua adorando, pois isso é tudo o que sabemos fazer. Adorar em espírito e em verdade é uma necessidade em nossa vida. Essas são declarações poderosas e demonstram a perseverança de quem sabe que não há vida espiritual saudável sem adoração. E ela pode ser feita de várias formas: cantando, aplaudindo, dando glórias, saltando ou até mesmo sentado.

Adoração não é apenas um som ou um gesto; é nos entregarmos com todo o nosso ser perante o Senhor, honrando-o com tudo o que temos. Mesmo que eu tenha perdido boa parte da minha capacidade vocal, continuo sendo uma adoradora por excelência. Isso é o que define a Mara Lima. A adoração que arde em meu coração não pode ser cessada por circunstâncias externas. Sigo adorando com todo o meu ser!

Mesmo que a nossa voz venha a ser calada, o nosso coração continua adorando.

Em espírito e em VERDADE

Hoje quero lhe convidar a ouvir esse cântico tão lindo e pessoal para mim e fazer dele a sua oração para o Senhor. Escute ***Vença adorando*** e adore da melhor forma que puder, seja cantando, mesmo que desafinado, com a voz falhando, aplaudindo, dando glórias ou simplesmente meditando nessa letra. Escolha a forma. Ofereça a sua melhor adoração ao Senhor e busque estar na presença dele!

Aponte a câmera do seu celular para este QR Code e ouça a música ***Vença adorando***. Deus vai falar ainda mais ao seu coração.

Minha oração

Minhas notas

38

O ÚLTIMO JULGAMENTO

De tudo o que se ouviu, a conclusão é esta: tema a Deus e guarde os seus mandamentos, porque isto é o dever de cada pessoa. Porque Deus há de trazer a juízo todas as obras, até as que estão escondidas, quer sejam boas, quer sejam más.

ECLESIASTES 12:13-14

O ÚLTIMO JULGAMENTO

Senta aqui nesse banco pertinho de mim
Vamos conversar
Será que você tem coragem
De olhar nos meus olhos e me encarar?

Agora chegou sua hora
Chegou sua vez, você vai pagar
Eu sou a própria verdade
Chegou o momento, Eu vou te julgar

Pedi para você não matar nem para roubar
Roubou e matou
Pedi para você agasalhar quem tinha frio
Você não agasalhou

Pedi para você não levantar falso testemunho
Você levantou
A vida de muitos coitados você destruiu
Você arrasou

Meu Pai lhe deu inteligência para salvar vidas
Você não salvou
Em vez de curar os enfermos
Armas nucleares você fabricou

Usando sua capacidade
Você destruiu e se condenou
A sua ganância foi tanta
Que a você mesmo exterminou

O avião que você inventou
Foi para levar a paz e a esperança
Não para matar seu irmão
Nem para jogar bombas nas minhas crianças

Você causou esta guerra
Destruiu a Terra e seus ancestrais
Você é chamado de homem
Mas é o pior dos animais

Agora que está acabado para sempre
Quero ver se você é culpado ou inocente
Você é um homem covarde e profano
É um grão de areia frente ao oceano

Seu ouro falou alto, você tudo comprou
Pisou nos mandamentos que a Lei santa ensinou
A mim você não compra com o dinheiro seu
Eu sou Jesus Cristo, o Filho de Deus.

Com letra original de Léo Canhoto, essa versão adaptada de *O último julgamento* faz parte do álbum *Recordações (Vol. 2)*, que foi lançado pela gravadora Louvor Eterno, em 1999.

DE FRENTE COM JESUS

Essa canção é muito interessante. Ela não foi escrita por um evangélico e já foi gravada por muitos cantores da música sertaneja. Ela é um grande sucesso na música secular. Apesar disso, a letra me chamou muito a atenção por ser pesada e nos levar a uma reflexão contundente. Aqui imaginamos o próprio Cristo chamando alguém para uma última conversa em que essa pessoa responderá por seus atos.

Meu maior objetivo ao gravar *O último julgamento* foi alcançar ambientes seculares e fazer com que essa mensagem chegasse ao máximo de pessoas. Mesmo fazendo muito sucesso no contexto da música *gospel*, meus cânticos não tocavam em rádios que não fossem especificamente cristãs. Há muita resistência nesse sentido, tudo é muito setorizado. Então vi nessa letra a oportunidade de romper tal barreira e evangelizar.

Aqui é como se o Senhor estivesse falando com a própria humanidade, que recebeu tanta capacidade, inteligência e mandamentos claros para fazer o bem, mas decidiu seguir por um caminho de destruição. Não ajudou quem precisava, permitindo que padecessem por necessidades básicas; levantou falso testemunho, roubou, matou e destruiu. Isso fala com todos nós e nos leva a refletir sobre nossas atitudes.

Esse "matar" nem sempre é literal. Podemos "matar" pessoas com nossas atitudes, palavras e até espiritualmente. Quantos se afastam do evangelho por terem sido profundamente feridos dentro das igrejas por gente que não reconhece o valor que cada alma tem para o Senhor? Por culpa de atitudes maldosas, perseguições e mentiras, muitos se afastam e vão para o caminho do pecado e da morte.

> Podemos "matar" pessoas com nossas atitudes, palavras e até espiritualmente.

Essa mesma reflexão também pode ser aplicada a nível mundial. Ao invés de usarmos nossa inteligência e tecnologia para desenvolver coisas benéficas para a sociedade, utilizamos todas essas ferramentas para o mal. Criamos bombas, iniciamos guerras, inventamos *fake news* e nos destruímos aos poucos por pura ganância, dinheiro e poder humano. Essa letra antiga é sempre muito atual!

Repense suas ATITUDES

Como cristãos, sabemos que não há possibilidade de nos apresentarmos perante o trono celestial e nos defendermos. Sempre estaremos em débito com o Senhor. Escute essa versão de ***O último julgamento*** e medite nessa letra. Que essa forte reflexão nos leve a ter um coração mais grato pelo sacrifício de Cristo, que nos livrou da morte que merecíamos. Que possamos repensar nossas atitudes.

Aponte a câmera do seu celular para este QR Code e ouça a música ***O último julgamento***. Deus vai falar ainda mais ao seu coração.

Minha oração

Minhas notas

39

UNÇÃO DIVINA

Mas vocês têm a unção que vem do Santo e todos têm conhecimento.

1 JOÃO 2:20

UNÇÃO DIVINA

A unção de Deus é algo que vem para capacitar
Faz o fraco ficar forte, desafia a própria morte
Quando na batalha está

Qualquer coisa vira arma
nas mãos de quem tem unção
Uma queixada mata mil, uma capa abre o rio,
assim foi no rio Jordão
Uma pedra vira bala, com trombeta
a terra abala e as muralhas vem ao chão

É na unção divina que você passa
por cima do inimigo e vai
E aonde você chega, a diferença faz
Você canta, você fala e Deus faz um milagre

É na unção divina que Deus chega
e extermina quem se levantar
Mesmo que esteja preso, comece a cantar
Que Deus manda um anjo forte e a cadeia abre

É na unção, é na unção que se encontra poder
É na unção, é na unção que se aprende a vencer
Quem é ungido vence, nunca é vencido
Em nome de Jesus, você está ungido

Qualquer coisa vira arma
nas mãos de quem tem unção
Uma queixada mata mil, uma capa abre o rio,
assim foi no rio Jordão
Uma pedra vira bala, com trombeta
a terra abala e as muralhas vem ao chão

É na unção divina que você
passa por cima do inimigo e vai
E aonde você chega, a diferença faz
Você canta, você fala e Deus faz um milagre

É na unção divina que Deus chega
e extermina quem se levantar
Mesmo que esteja preso, comece a cantar
Que Deus manda um anjo forte e a cadeia abre

É na unção, é na unção que se encontra poder
É na unção, é na unção que se aprende a vencer
Quem é ungido vence, nunca é vencido
Em nome de Jesus, você está ungido

Em nome de Jesus, você está ungido.

Com letra de Daniel e Samuel, *Unção divina* faz parte do álbum *Unção divina*, que foi lançado pela gravadora Louvor Eterno, em 2001.

UNGIDOS PARA FAZER A DIFERENÇA

Esse cântico foi escrito pela dupla Daniel e Samuel e tem uma história interessante de desapego e obediência dos letristas. Os dois estavam em Curitiba gravando no estúdio do Mateus Iensen, e eu compartilhei com eles que estava buscando uma canção nova, algo que fosse impactante, pois sentia que meu repertório estava repetitivo. Pouco depois, Deus entregou uma letra ao Samuel especificamente para esse propósito.

Ele gostou tanto da letra que disse que só estava me presenteando com ela porque o Senhor havia lhe dito que a composição era para mim, pois do contrário, não se desprenderia desse cântico. Então *Unção divina* já começa com essa história de entrega e obediência a Deus. Assim que eles o cantaram para mim, eu achei espetacular e acabou sendo o título do meu álbum, que ainda é cantado nas igrejas.

Como o próprio nome já diz, ela fala de unção, desse poder que algumas pessoas recebem para realizar coisas grandiosas, mesmo que se sintam incapazes. Quantas vezes vemos pessoas simples, sem grande técnica, oratória ou recursos rebuscados, mas que cantam e pregam com autoridade, tocando o coração de todos os presentes? Isso é unção, vem do alto e não segue a lógica humana de capacitação.

A letra cita exemplos célebres como: Sansão, que matou mais de mil homens usando uma queixada de jumento (VEJA JUÍZES 15:15); Eliseu, que abriu o rio Jordão com o manto de Elias (VEJA 2 REIS 2:14); Davi, que derrubou um gigante com apenas uma pedra (VEJA 1 SAMUEL 17:49); o povo de Israel, que derrubou as muralhas de uma grande cidade com o som de seus gritos e de suas trombetas (VEJA JOSUÉ 6:20).

Os filhos de Deus são ungidos e possuem algo diferente sobre eles: o Espírito Santo.

Essas são apenas algumas ocasiões em que pessoas comuns realizaram grandes feitos pelo poder que lhes foi concedido pelo Senhor. Todas elas estavam sob uma unção divina e, como cristãos, devemos buscar estar nesse mesmo lugar. Os filhos de Deus são ungidos e possuem algo diferente sobre eles: o Espírito Santo. Como seguidores do evangelho, devemos buscar a unção divina para fazermos a diferença!

Busque o SENHOR!

Somos limitados e não podemos realizar muito com nossas próprias forças, mas se estivermos sob a unção divina, Ele nos usará como canal de bênçãos e realizará obras sobrenaturais por nosso intermédio. Ouça ***Unção divina*** e seja renovado por essa letra que nos lembra de nossa total dependência do Senhor. Medite e tenha fé na declaração final desse cântico. Em nome de Jesus, você está ungido!

Aponte a câmera do seu celular para este QR Code e ouça a música ***Unção divina***. Deus vai falar ainda mais ao seu coração.

Minha oração

Minhas notas

SANTO LUGAR

40

*Habito no alto e
santo lugar, mas
habito também com
o contrito e abatido
de espírito, para
vivificar o espírito dos
abatidos e vivificar o
coração dos contritos.*

ISAÍAS 57:15

SANTO LUGAR

Teu instrumento eu quero ser
O Teu louvor quero viver
Me deixe aos Teus pés ficar
Vou sem reservas me entregar
Te adorar é o meu prazer

A minha voz quero soltar
As minhas mãos vou levantar
Quero te dar o meu louvor
Vou me render a ti, Senhor
Em Tua presença eu quero estar

No santo lugar
Eu quero entrar no santo lugar
Quero me prostrar quero derramar
Minha adoração no santo lugar

No santo lugar quero te sentir
No santo lugar quero te servir
Quero te entregar o meu coração
No santo lugar.

Com letra de Moises Cleyton, *Santo lugar* faz parte do álbum *Som da voz de Deus*, que foi lançado pela gravadora Louvor Eterno, em 2009.

ENTREGA SEM RESERVAS

Esse cântico foi escrito pelo mesmo letrista de *Vaso de alabastro*, Moises Cleyton; como aquele, também fala de adoração. Ele começa com afirmações poderosas. Somos comparados a um instrumento, que fica totalmente à mercê de quem o toca. Mesmo que seja feito do melhor material, precisa de um bom musicista para produzir uma linda melodia. Isso é exatamente o que acontece quando nos entregamos nas mãos do Senhor.

Aqui o louvor não é apresentado como algo passageiro, mas um verdadeiro estilo de vida. *Santo lugar* nos convida a declarar que queremos *viver* o louvor, ou seja, fazer dele a razão da nossa existência. Entendo esse viver como tudo, representando uma verdadeira entrega, sem reservas, aos pés do Senhor por reconhecer que é no louvor e na adoração que está o nosso prazer. É ali que encontramos sentido e felicidade.

Mas isso só ocorre com atitude. É preciso comprometimento para que essa adoração tão plena e verdadeira ocorra. Precisamos nos movimentar para chegar ao santo lugar, seja levantando nossas mãos, soltando a voz ou nos colocando em posição de rendição total. Não podemos ficar indiferentes, mas devemos nos doar com tudo o que temos no momento, mesmo que seja apenas um espírito cansado ou um coração contrito.

Em nossos momentos individuais com Deus, é importante priorizar um tempo de entrega total a Ele. Estamos tão acostumados a pedir, que esquecemos da importância de ofertar algo ao Senhor. Queremos ouvir uma palavra, sermos presenteados com uma boa noite de sono ou receber proteção. Ficamos presos em um ciclo de petições, sem entregar de fato o nosso coração a Deus.

> Estamos tão acostumados a pedir, que esquecemos da importância de ofertar algo ao Senhor.

A partir dessa entrega total e sem reservas, sabemos que nossas necessidades serão atendidas, pois Ele já as conhece e sabe o que é melhor para nós. Mas antes de recebê-las, é preciso nos apresentarmos como oferta e entrarmos no santo lugar derramando nossos anseios e convicções. Assim, colocamo-nos como instrumentos nas mãos de quem sabe nos usar e declaramos nossa fé em nosso Pai celestial.

Oferte o seu MELHOR!

Acesse o QR Code abaixo e escute *Santo lugar* enquanto relê a letra desse cântico. Se possível, entoe algumas partes, aproveitando para fazer desse momento um tempo de entrega total ao Senhor. Declare com fé que você quer ser um instrumento nas mãos de Deus, pois reconhece que Ele sabe a melhor forma de conduzir tudo. Faça dessa entrega sua adoração em espírito e em verdade.

Aponte a câmera do seu celular para este QR Code e ouça a música *Santo lugar*. Deus vai falar ainda mais ao seu coração.

Minha oração

Minhas notas

41

PERTO DE DEUS

Cheguem perto de Deus, e ele se chegará a vocês.

TIAGO 4:8

PERTO DE DEUS

Quando estou pertinho dele,
sinto muita segurança
Quando estou pertinho dele,
nunca penso em desistir
Nunca perco a esperança

Quando estou pertinho dele,
eu não tenho ansiedade
Quando estou pertinho dele,
não duvido, não reclamo
Acredito de verdade

Quando estou pertinho dele,
minha vida é diferente
Faça sol ou faça chuva, na bonança ou na luta
Não importa, sigo em frente

Quando estou pertinho dele,
o meu rosto resplandece
Quando estou pertinho dele,
não há nada que impeça
A vitória prevalece

Quando estou pertinho dele,
tenho a fé de Abraão
Quando estou pertinho dele,
tenho a força de Sansão
Quando estou pertinho dele,
tenho a unção de Eliseu e a coragem de Elias

Quando estou pertinho dele, luto como Josué
Quando estou pertinho dele,
tenho os sonhos de José
Quando estou perto de Deus,
não importa o que aconteça
Vou vencendo todo dia.

Com letra de Adriano Mendes e Paulinho, *Perto de Deus* faz parte do álbum *Portais eternos*, que foi lançado pela gravadora Louvor Eterno, em 2004.

SEGUROS EM CRISTO

Esse cântico é um verdadeiro abraço. Ele nos faz lembrar de como nos sentimos quando estamos perto do Senhor. É a mesma segurança que uma criança sente quando está junto de seu pai. Ela sabe que, ao lado dele, ninguém terá coragem de fazer-lhe mal, agredi-la ou dizer algo ofensivo. Pertinho do pai, ela está segura e fortalecida. Essa é a confiança sobre a qual estamos falando aqui.

Nessa verdadeira conversa entre irmãos, *Perto de Deus* vai descrevendo esse sentimento e afirmando que a proximidade com o Senhor nos traz conforto, esperança e alivia nossa ansiedade, um mal tão comum no século em que vivemos. Embora a ajuda profissional seja boa e necessária, creio que só em Cristo encontraremos verdadeiro alívio para todas essas inquietações. Perto dele, nos sentimos completos.

O restante da letra traz alguns desafios para nós, pois mostra que quem está perto do Senhor e de fato confia nele, não duvida nem reclama, mas acredita de verdade. Confiar em Deus nos faz valentes em meio às tribulações. Faça sol ou faça chuva, calmaria ou tempestade, quando estamos perto do Pai e confiamos em Seu poder, ficamos tranquilos e seguimos em frente. Sabemos que nada pode impedir Seu poderoso agir.

Nas provações, somos constantemente tentados a murmurar, questionando o tempo de Deus e até mesmo sentindo que Ele não está de fato nos ouvindo. Percebemos então que há uma relação condicional com esse sentimento de vitória. Só podemos fazer tudo isso se estivermos perto do Senhor. Se nos afastarmos dele, seguindo nosso próprio coração, a história muda totalmente.

Sansão, um dos exemplos citados na letra desse cântico, ilustra isso com sua vida de perdas e vitórias. Enquanto esteve perto do Senhor e seguiu as orientações dele para manter-se santo, foi um homem valente e guerreiro implacável. Mas, quando se afastou totalmente da presença de Deus, tornou-se fraco e vulnerável. O Senhor nos chama para uma vida de vitória, mas é preciso estar pertinho dele para vivê-la!

O Senhor nos chama para uma vida de vitória, mas é preciso estar pertinho dele para vivê-la!

Aproxime-se de DEUS!

Nossa vida jamais será perfeita aqui na Terra, mas se estivermos perto do Senhor, certamente a viveremos com mais leveza e segurança. Longe de sermos perfeitos, sentiremos que temos identidade: somos filhos de Deus, amados pelo Criador e guiados por Ele em todos os nossos passos. Ouça ***Perto de Deus*** e sinta-se abraçado por esse cântico tão especial.

Aponte a câmera do seu celular para este QR Code e ouça a música ***Perto de Deus***. Deus vai falar ainda mais ao seu coração.

Minha oração

Minhas notas

42

PAI

Como um pai se compadece de seus filhos, assim o Senhor se compadece dos que o temem.

SALMO 103:13

PAI

Pai, há quanto tempo estás a conhecer
O que acontece dentro em mim
Vai, toda esta vida vai
E nada fiz daquilo que eu te prometi

Disse uma vez que louvaria, sim
Em prazer ou mesmo em dias maus
E o que me fez chorar foi perceber, Senhor
Que o meu murmurar foi mais que o meu louvor

Pai, misericórdia tens
Mesmo sabendo o crente que sou,
me concede tantos bens
Toma-me e faz-me diferente ser
Agora, junto a ti, quero me refazer

Pai, o que é melhor, me dás
E, mesmo assim, tão ansioso sei que estou
Vai, toda esta vida vai
Pedi, pedi e dei tão pouco a ti

Senhor, lembro de uma vez que tanto murmurei
Porque me vi sem honra e sem valor
Mas, ao cair em pranto, eu me lembrei da cruz
Foi lá que meu Jesus me deu real valor.

Com letra de Armando Filho, *Pai* faz parte do álbum *Som da voz de Deus*, que foi lançado pela gravadora Louvor Eterno, em 2009.

CONHECIDOS POR DEUS

Pai é um cântico muito especial e do qual gosto muito. Por isso, decidi gravá-lo na minha voz. Eu queria ter a oportunidade de registrar uma versão minha dessa letra do Armando Filho, que também fica belíssima na voz dele. É mais um dos louvores do meu repertório que falam de reconhecimento do Senhor como o nosso querido Pai, admitindo o quanto temos falhado diante dele.

Nessa oração honesta, declaramos muitas coisas bonitas a Deus, começando pelo fato de que Ele nos conhece por mais tempo do que somos capazes de mensurar. Como Davi afirmou, de forma poética, em um de seus salmos: "tu me teceste no ventre de minha mãe" (SALMO 139:13). Tentamos esconder ou mascarar quem somos perante o Senhor, mas Ele nos conhece como ninguém.

Nosso Pai conhece o íntimo de nosso ser, nossas vontades, pensamentos, desejos e sentimentos. Por isso, a melhor forma de apresentar-nos a Ele é com honestidade e humildade. Isso é exatamente o que essa letra nos convida a fazer, como se estivéssemos dizendo: "Senhor, eu falhei em diversas promessas que lhe fiz, não louvei apesar das circunstâncias, apenas murmurei e duvidei diante das dificuldades".

Outra autocrítica que me chama a atenção nessa letra é o sentimento de desvalorização. Quantas vezes o inimigo usa situações e até mesmo o nosso próprio ministério para despertar nosso orgulho e fazer com que murmuremos diante do Senhor? Aos poucos, começamos a nos sentir importantes, achar que merecemos honra pública, e ficamos ofendidos quando isso não acontece. Entretanto, quão insignificante é tudo isso diante da cruz e do verdadeiro evangelho.

> Tentamos esconder ou mascarar quem somos perante o Senhor, mas Ele nos conhece como ninguém.

É preciso coragem para admitir todas essas falhas perante Deus. Esse cântico nos lança um desafio, convidando-nos a reconhecer que a vida está passando enquanto descumprimos nossas promessas, murmuramos, nos preocupamos com coisas efêmeras e, mesmo assim, seguimos sendo abençoados pelo Senhor. Aqui somos chamados a despertar e a ter uma vida de plenitude e honestidade com Ele!

Ore com SINCERIDADE!

Escute *Pai* e faça dessa a sua oração de quebrantamento, reconhecendo perante o Senhor todas as suas falhas, promessas quebradas e pecados. Não sinta vergonha. Deus já conhece todos os nossos defeitos e tem compaixão daqueles que se apresentam com sinceridade diante dele. Peça força para viver com os olhos voltados para a cruz e comprometer-se com Cristo!

Aponte a câmera do seu celular para este QR Code e ouça a música ***Pai***. Deus vai falar ainda mais ao seu coração.

Minha oração

Minhas notas

43

FIELATI

Examina-me, Senhor,
e prova-me; sonda
o meu coração e os
meus pensamentos.

SALMO 26:2

FIEL A TI

Como és fiel a mim, eu quero ser fiel a ti
Sempre perseverar e ser fiel até o fim
Fiel no meu pensar, Senhor,
no meu agir, no meu falar
Eu quero ser fiel a ti

Se a bênção alcançar, eu quero ser fiel
Mas se no vale eu me encontrar, eu quero ser fiel
Se o celeiro transbordar ou se a figueira não brotar
Eu quero ser fiel a ti

Como és fiel a mim, eu quero ser fiel a ti
Sempre perseverar e ser fiel até o fim
Fiel no meu pensar, Senhor, no agir, no meu falar
Eu quero ser fiel a ti.

Com letra de Wilson Silva, Anderson Lima e Tony da Mata, *Fiel a ti* faz parte do álbum *Eu creio em milagres*, que foi lançado pela gravadora Louvor Eterno, em 2014.

ELE PERMANECE FIEL

Esse cântico faz parte de um dos meus projetos musicais mais recentes. Ele fala de um tema muito relevante para a caminhada cristã. Aqui apresentamos o desejo de termos para com Deus a mesma fidelidade que Ele tem conosco. Em uma de suas cartas, o apóstolo Paulo destacou que, mesmo se formos infiéis, Deus permanece fiel "pois de maneira nenhuma pode negar a si mesmo" (2 TIMÓTEO 2:13), mas certamente se alegra quando Seus filhos decidem ser como Ele.

Essa mensagem continua sendo desafiadora para os cristãos. Nesse cântico, abordamos diversas áreas em que é preciso apresentar fidelidade: no pensar, no agir e no falar. O Senhor conhece os nossos pensamentos, Ele sabe os verdadeiros desejos e impulsos da nossa carne. Podemos controlar o que mostramos aos outros, mas será que temos sido fiéis até mesmo no pensar?

E quanto às nossas ações? Temos pensado antes de agir, ou permitimos que a impulsividade nos guie? É preciso ser fiel no agir. Um filho de Deus não pode ter as mesmas ações de um ímpio; ele deve ser exemplo de santidade. Além disso, também precisamos ser fiéis e cuidadosos no falar. Perceba que todas essas áreas estão interligadas: o que está em nossa mente vai refletir em nossas ações e palavras.

O desafio está no fato de tentarmos driblar tudo isso. Muitas vezes apresentamos um discurso exemplar, mas não o praticamos, ou até praticamos coisas boas, mas por motivos escusos. O Senhor quer que sejamos totalmente fiéis a Ele, que nos conhece de forma profunda. Tudo o que nos forma deve ser moldado e direcionado para o Pai e transformado pelo Espírito Santo. Isso é o que estamos declarando em *Fiel a ti*.

> Tudo o que nos forma deve ser moldado e direcionado para o Pai e transformado pelo Espírito Santo.

Por fim, essa letra também fala da fidelidade que independe das circunstâncias. É fácil ser fiel a Deus quando estamos desfrutando de bênçãos. Mas e se passarmos por um vale ou nossos celeiros se esvaziarem? Será que seremos perseverantes ou nos entregaremos à murmuração e ao medo? Que possamos declarar que, mesmo que tudo nos falte, continuaremos sendo fiéis ao Senhor, assim como Ele é fiel a nós.

Pratique a FIDELIDADE

Medite na breve letra de *Fiel a ti* e nas implicações de cada uma dessas frases. Apresente ao Senhor o seu desejo de ser fiel a Ele com todo o seu ser. Que seus pensamentos sejam santos e que essa santidade se reflita em suas ações e palavras. Peça ao Espírito Santo para que você seja fortalecido diante de circunstâncias difíceis. Faça desse cântico a sua oração de fidelidade!

Aponte a câmera do seu celular para este QR Code e ouça a música ***Fiel a ti***. Deus vai falar ainda mais ao seu coração.

Minha oração

Minhas notas

44

ENQUANTO VOCÊ ADORA

Bendirei o S*ENHOR em todo o tempo, o seu louvor estará sempre nos meus lábios.*

SALMO 34:1

ENQUANTO VOCÊ ADORA

Enquanto você adora, milagres acontecem
Enquanto você adora, milagres acontecem
Enquanto você adora, milagres acontecem
O céu se abre, Deus responde e o teu milagre desce

Cadeias são quebradas, algemas vêm ao chão
Em meio aos louvores e a adoração
Lembre-se de Paulo e Silas naquela prisão
Enquanto adoravam, Deus entrou em ação

Deus procura quem adora com sinceridade
Que rasga o coração e lhe rende toda glória
Como cheiro suave, Ele aceita o louvor
E faz o milagre enquanto você adora

Enquanto você adora, milagres acontecem
Enquanto você adora, milagres acontecem
Enquanto você adora, milagres acontecem
O céu se abre, Deus responde e o teu milagre desce

Enquanto Davi dedilhava a sua harpa
Toda potestade se dissipava
A adoração quando é com excelência
Atrai a presença do Deus que trabalha

Tem muralha que cai só quando o povo grita
Tem Samuel que só nasce quando Ana chora
Mas hoje Deus está agindo diferente
Ele faz um milagre enquanto você adora

Enquanto você adora, milagres acontecem
Enquanto você adora, milagres acontecem
Enquanto você adora, milagres acontecem
O céu se abre, Deus responde
e o teu milagre desce.

Com letra de Leandro Borges, *Enquanto você adora* faz parte do álbum *Eu creio em milagres*, que foi lançado pela gravadora Louvor Eterno, em 2014.

O PODER DA ADORAÇÃO

Enquanto você adora foi escrito pelo Leandro Borges, um rapaz muito talentoso e que vem se consagrando entre os grandes nomes da nova geração da música cristã no Brasil. Como o título já destaca, esse louvor fala do poder da adoração que, frequentemente, é ignorado ou simplesmente não recebe a devida atenção. O verdadeiro louvor tem muito poder no mundo espiritual. Por meio da adoração, milagres acontecem.

Mais uma vez, encontramos exemplos bíblicos nessa poesia cantada, a começar por Paulo e Silas que viram as correntes que os prendiam serem literalmente removidas enquanto adoravam o Senhor. Embora estivessem presos, não se deixaram abater e adoraram livremente. O louvor daqueles homens chegou como aroma agradável a Deus e eles foram libertos de forma sobrenatural e humanamente impossível.

O mais interessante é que a adoração desses discípulos não teve grande pompa; foi algo simples e improvisado em meio a uma situação desafiadora, mas teve sinceridade e fez com que os céus se abrissem sobre aquele lugar. O Senhor está sempre atento para ouvir o nosso louvor e se alegra quando nos quebrantamos diante dele. A adoração com excelência nos aproxima de Deus e faz milagres acontecerem.

Outros exemplos grandiosos são citados nessa letra: Davi, o pastor de ovelhas ungido para ser rei de Israel, tocava harpa para um perturbado Saul; imediatamente, o espírito mau que estava naquele homem se retirava (VEJA 1 SAMUEL 16:23). Ana orou com fé por um filho que seria inteiramente dedicado ao Senhor e deu à luz um dos grandes profetas de Israel. E o povo foi capaz de derrubar as muralhas de uma forte cidade apenas com a força de seus gritos. Tudo isso nos mostra o poder da adoração!

> Enquanto adoramos, o mundo espiritual se move.

Muitas vezes, estamos diante de situações que parecem impossíveis, mas que podem ser vencidas se apenas abrirmos nossa boca para adorar o Senhor em um ato de fé, mostrando que confiamos nele para nos livrar do que quer que seja. A verdadeira adoração pode fazer milagres acontecerem, dar-nos vitória, acalmar corações e até mesmo afastar espíritos malignos. Enquanto adoramos, o mundo espiritual se move.

Adore com EXCELÊNCIA

Ouça *Enquanto você adora* e seja edificado por essas palavras que nos lembram da importância da adoração. Coisas grandiosas podem acontecer quando você canta um hino ou ora. Os céus se abrem para receber a adoração que é oferecida com humildade, e o Senhor tem prazer em abençoar os filhos que recorrem a Ele. Adore a Deus com todas as suas forças!

Aponte a câmera do seu celular para este QR Code e ouça a música ***Enquanto você adora***. Deus vai falar ainda mais ao seu coração.

Minha oração

Minhas notas

DIA DE SOL

45

*Mas era preciso
festejar e alegrar-se,
porque este seu
irmão estava morto
e reviveu, estava
perdido e foi achado.*

LUCAS 15:32

DIA DE SOL

Eu andei sem destino, perdi a razão
Na estrada da vida, eu fui na contramão
Mergulhei de cabeça no abismo sem fim
Loucura e tristeza eram partes de mim

No terrível espinho do pecado eu pisei
A ponte entre a vida e a morte eu cruzei
No outro lado, eu vi meus pedaços no chão
Minha alma vagava na escuridão

Das garras da morte, o Senhor me arrancou
Me mostrou a verdade que eu nunca quis ver
Acordei de um pesadelo e voltei a viver

Eu hoje estou bem, mas já estive mal
Sou dia de sol, mas já fui temporal
Fui barco à deriva, fui noite sem lua,
verão sem calor
Hoje eu sou verdade, mas já fui engano
Já fui fonte seca, hoje eu sou oceano
A alma ferida, coração quebrado, Jesus consertou

No terrível espinho do pecado eu pisei
A ponte entre a vida e a morte eu cruzei
No outro lado, eu vi meus pedaços no chão
Minha alma vagava na escuridão

Das garras da morte, o Senhor me arrancou
Me mostrou a verdade que eu nunca quis ver
Acordei de um pesadelo e voltei a viver

Eu hoje estou bem, mas já estive mal
Sou dia de sol, mas já fui temporal
Fui barco à deriva, fui noite sem lua,
verão sem calor
Hoje eu sou verdade, mas já fui engano
Já fui fonte seca, hoje eu sou oceano
A alma ferida, coração quebrado, Jesus consertou.

Com letra de Everaldo Gretter e Garcia Matos, *Dia de sol* faz parte do álbum *Cântico de vitória*, que foi lançado pela gravadora Louvor Eterno, em 2005.

FINALMENTE SALVOS!

D*ia de sol* representa o sentimento de pessoas que, assim como eu, não tiveram a oportunidade de nascer em um berço cristão. Aqui somos levados a relembrar a vida totalmente fora do eixo que vivíamos antes. Éramos errantes e andávamos sem ter um destino. Essa falta de sentido nos levava a perder a razão e agir com impulsividade, mergulhando em um abismo sem fim. Não víamos uma luz no fim do túnel nem tínhamos direção.

A tristeza, loucura e tantos outros sentimentos ruins já faziam parte de quem éramos. Isso fala de uma vida promíscua, sem Deus e tomada pela escuridão do pecado. Nessa letra, essa situação é descrita como atravessar uma ponte entre a vida e a morte e conseguir enxergar seus pedaços ficando pelo chão. Isso representa que o pecado vai nos destruindo aos poucos até nos aniquilar totalmente, levando-nos à morte eterna.

Quando estamos em pecado e não conhecemos a Palavra de Deus, vagamos na escuridão e passamos por esses lugares tenebrosos que nos levam a um fim terrível. O inimigo das nossas almas sente prazer em nos ver perdidos e luta para que continuemos espiritualmente cegos. Por isso a salvação é descrita como o Senhor nos tirando das garras da própria morte e despertando-nos para essa realidade.

O Espírito Santo é o responsável por esse despertamento. Ele abre nossos olhos espirituais e então percebemos que toda aquela solidão e angústia são causadas por nossa falta de direção e propósito. Só quando reconhecemos o nosso Criador é que finalmente voltamos a viver e assim podemos declarar o que está nesse cântico: "Eu já estive muito mal, mas hoje estou bem e sou salvo pelo sangue de Jesus Cristo!".

> O inimigo das nossas almas sente prazer em nos ver perdidos e luta para que continuemos espiritualmente cegos.

Ser salvo significa estar livre da morte e viver plenamente a verdade de Deus. O pecado oferece prazeres momentâneos e uma suposta alegria, mas tudo isso é engano. Quanto mais nos envolvemos em suas falsas promessas, mais perdidos no caminho e próximos da morte ficamos. Aqui somos chamados a reconhecer quem éramos antes de Deus e o quanto Ele nos curou, restaurou, consertou e nos deu a vida eterna.

Gratos pela SALVAÇÃO

Ouça *Dia de sol* e medite nessa letra. Lembre-se de que o Senhor nos livrou das garras da morte e demonstrou o mesmo amor daquele pai compassivo que recebeu seu filho pródigo com festa após ter sido abandonado por ele. Aquela alma estava perdida, mas foi achada; estava morta, mas reviveu. O mesmo aconteceu conosco. Por isso, somos gratos!

Aponte a câmera do seu celular para este QR Code e ouça a música ***Dia de sol***. Deus vai falar ainda mais ao seu coração.

Minha oração

Minhas notas

46

AGORA EU ENTENDO

*Pois tu, ó Deus,
nos provaste; tu nos
refinaste como se
faz com a prata.*

SALMO 66:10

AGORA EU ENTENDO

Agora eu entendo todo deserto que eu atravessei
Agora eu entendo, Deus estava perto,
por isso que eu suportei

As flores estão no jardim
A noite escura passou
Esse sol brilhando e a chuva
Só me falam do seu amor

Passei pelo temporal
Adorei em meio a dor
Não é agora na bênção
Que vou calar o meu louvor

Eu vi o mar se agitar
Mas também vi a Sua mão poderosa a me sustentar

Agora eu entendo todo deserto que eu atravessei
Agora eu entendo, Deus estava perto,
por isso que eu suportei
Eu ia morrer, mas Ele me abraçou
e a vida voltou em mim

Agora eu entendo, se estou de pé, é porque o
Senhor sempre esteve aqui

Eu vi o sol escurecer
Eu vi o medo tentando dominar meu ser
Eu vi o mar se agitar
Mas também vi a sua mão poderosa a me sustentar

Agora eu entendo todo deserto que eu atravessei
Agora eu entendo, Deus estava perto,
por isso que eu suportei
Eu ia morrer, mas Ele me abraçou
e a vida voltou em mim
Agora eu entendo, se estou de pé, é porque o
Senhor sempre esteve aqui

Nas lutas, nas glórias, nas derrotas, nas vitórias
No deserto, no palácio, permaneces ao meu lado
Nos montes, nos vales, na bonança, na tempestade
No silêncio, no clamor, eu sei que estás comigo.

Com letra de Tony Ricardo, *Agora eu entendo* faz parte do álbum *Eu creio em milagres*, que foi lançado pela gravadora Louvor Eterno, em 2014.

REFINADOS COMO A PRATA

Houve um momento em meu ministério em que me vi totalmente sem expectativas. Não chegou a ser uma depressão, mas fui tomada por um sentimento de desesperança; não conseguia mais ver as cores da vida, tudo parecia não fazer o menor sentido, eu estava totalmente esgotada. Esse era o meu contexto quando o Tony Ricardo chegou com a letra de *Agora eu entendo*, que trouxe muito conforto para mim.

Esse cântico é forte e representa alguém que está saindo de uma provação, já passou pelo pior momento dela e agora está lutando para não se deixar vencer pelo cansaço por ter enfrentado tudo aquilo. A letra começa afirmando que a noite escura e o temporal ficaram para trás e, se adoramos naquele momento, não será na bonança e no dia ensolarado que vamos nos calar.

Muitas pessoas têm dificuldade para adorar no auge do sofrimento e preferem esperar até que tudo esteja bem para começar a fazer isso. A verdade é que precisamos adorar sempre, durante todo o processo, pois Deus está conosco. Embora nem sempre reconheçamos isso no meio da provação, quando saímos dela e olhamos para trás, percebemos que Ele jamais nos abandonou e tinha um propósito com tudo aquilo.

Quando estávamos prestes a desistir e morrer, totalmente dominados pelo medo, Deus nos abraçou e nos trouxe de volta à vida. Esse cântico nos leva a reconhecer essa realidade. Sim, estamos cansados depois da luta, mas se ainda estamos em pé é porque Ele nos sustentou com Sua forte mão e nos livrou de perigos que estavam nos cercando sem que nos déssemos conta. Alguns livramentos sequer chegam ao nosso conhecimento. Precisamos reconhecer que só estamos aqui graças ao Senhor.

> Deus usa as provações para nos moldar e refinar.

Naquele momento de cansaço e desesperança, esse cântico chegou como um bálsamo ao meu coração, fazendo com que eu me lembrasse de todas as vitórias e livramentos que o Senhor já havia me proporcionado. Foi ali que consegui entender que Ele nunca tinha saído do meu lado. Deus usa as provações para nos moldar e refinar. Ele se alegra quando passamos por esse processo com louvor nos lábios e confiança no coração.

Reconheça o PROPÓSITO

Como é bom olhar para trás e identificar a mão do Senhor nos sustentando em todos os momentos, mesmo naqueles em que achávamos estar sozinhos e incapazes de continuar. Saiba que Ele jamais nos abandona e tem um propósito em cada provação. Ouça ***Agora eu entendo***, seja edificado por essa palavra de reconhecimento a Deus e ore agradecendo por Sua infinita graça e fidelidade!

Aponte a câmera do seu celular para este QR Code e ouça a música ***Agora eu entendo***. Deus vai falar ainda mais ao seu coração.

Minha oração

Minhas notas

47

SANTUÁRIO

Vocês não sabem
que são santuário
de Deus e que o
Espírito de Deus
habita em vocês?

1 CORÍNTIOS 3:16

SANTUÁRIO

Faz de mim, Senhor
Um santuário puro, santo e verdadeiro
Com gratidão eu faço essa oração
Santuário em Teu louvor

Pois só Tu, Senhor, veio salvar-me
Transformar meu coração
Só Tu, Senhor, conhece as minhas fraquezas
Dando-me forças com as Tuas mãos

Faz de mim, Senhor
Um santuário puro, santo e verdadeiro
Com gratidão eu faço essa oração
Santuário em Teu louvor.

Essa versão adaptada de *Santuário* faz parte do álbum *Recordações (Vol. 2)*, que foi lançado pela gravadora Louvor Eterno, em 1999.

NA PRESENÇA DO SENHOR

Esse é mais um cântico com uma letra poderosa. Ele foi gravado por vários cantores aqui no Brasil e é possível encontrar outras versões dele em espanhol. A mensagem é simples, mas representa um compromisso sério diante do Senhor. Aqui pedimos que Ele faça de nós um santuário, que era um lugar do Templo que devia estar sempre puro e santificado para que sacrifícios fossem oferecidos.

Essa letra reconhece que, embora o desejo do cristão seja apresentar-se a Deus de forma irrepreensível, nós somos falhos e precisamos ter o nosso coração totalmente transformado pelo Espírito Santo. É um cântico de gratidão por nosso Pai ter nos proporcionado tantas bênçãos como a salvação, a santidade, o fortalecimento perante as fraquezas e a possibilidade de entrarmos na presença dele justificados.

Na antiga aliança, apenas os sacerdotes tinham permissão para entrar no santuário do Senhor; na nova aliança, Cristo nos trouxe salvação e acesso ao trono da graça: "...o véu do santuário se rasgou em duas partes, de alto a baixo" (MARCOS 15:38). Jesus iniciou o tempo no qual os filhos de Deus estão livres para entrar na presença do

Senhor, pois o sacrifício definitivo foi feito por nós. Agora o santuário é o nosso coração!

Santuário nos convida a agradecer pela realidade de que não há mais nada nos impedindo de estar perto de Deus, pois Jesus Cristo, o sumo Sacerdote por excelência, já apresentou um sacrifício definitivo por nossos pecados e intercedeu em nosso favor. Esse cântico declara nosso desejo por nos apresentarmos de forma pura, santa e verdadeira perante o Criador, reconhecendo que somos fracos e pecadores.

Nossas fraquezas podem assumir diversas formas: pornografia, inveja, ambição, glutonaria, consumismo e tudo o que nos afasta do Senhor. Ele sabe que as temos, mas se agrada quando as admitimos e reconhecemos que só nele é possível encontrar força para vencê-las. Encontramos aqui uma oração de entrega, um pedido para que Ele nos toque com Sua unção e nos purifique, fazendo-nos declarar como o salmista "...vê se há em mim algum caminho mau e guia-me pelo caminho eterno" (SALMO 139:24).

Os filhos de Deus estão livres para entrar na presença do Senhor, pois o sacrifício definitivo foi feito por nós.

Habitação do ESPÍRITO SANTO

Ouça esse cântico e agradeça pelo privilégio de entrar na presença de Deus e de ter o Espírito Santo habitando em você.
Reflita na letra de ***Santuário*** e peça ao Senhor força para lutar contra os pecados e as fraquezas da carne que tentam afastar você de uma vida de santidade.
Apresente a Deus o seu desejo de tornar-se um santuário puro, santo e verdadeiro e creia que Ele responderá ao seu clamor.

Aponte a câmera do seu celular para este QR Code e ouça a música ***Santuário***. Deus vai falar ainda mais ao seu coração.

Minha oração

Minhas notas

LADO A LADO

48

Porque para Deus
não há nada
impossível.

LUCAS 1:37

LADO A LADO

Sei que todo fim tem um começo
E às vezes é difícil suportar
Quando a prova está começando
Meu irmão, dá vontade de chorar

Quando isso acontece, uso o joelho
Em oração, vou falar com Jeová
Para Deus não é impossível
Conto para Ele porque pode resolver

Se a luta está difícil, vou dobrando os meus joelhos
Quando me sinto cansada, vou buscá-lo primeiro
Quero ver quem é maior do que esse que eu falo
Quero ver quem vence
mais do que esse que conheço

Ele não manda ofício, Ele vem pessoalmente
Ele não manda recado, fala tudo lado a lado
Isso mexe com a gente porque
Ele é o Deus dos crentes.

Com letra de Tony e Tito, *Lado a lado* faz parte do álbum *Mais que um sonho*, que foi lançado pela gravadora Louvor Eterno, em 2000.

PERSEVERANÇA EM MEIO ÀS LUTAS

Lado a Lado é um cântico que declara o poder do Senhor para resolver as nossas causas impossíveis e veio até mim em um momento muito desafiador. Na época, eu estava em uma briga judicial que durou dez anos. Eu percebi que o contrato que tinha com uma antiga gravadora não estava sendo bom para mim e decidi sair e abrir meu próprio selo, mas eles me processaram; certo dia, chegou um ofício na minha casa bem cedo, pela manhã. Eu era jovem e inocente na época; então fiquei muito abalada.

Foi nesse contexto que Tony e Tito, uma dupla paranaense muito talentosa, chegaram até mim com essa letra para me animar e lembrar que servimos a um Deus que não precisa mandar recado nem ofício para vencer as batalhas. Temos que perseverar nele para passarmos por esses processos tão difíceis. De início, eu quis trocar a ordem da primeira frase, mas os letristas logo me explicaram o sentido dela.

"Todo fim tem um início". Essa palavra pode ser tanto de encorajamento, mostrando-nos como avançamos em nossa jornada, quanto de alerta, lembrando-nos que um bom início não é garantia de que o final também será excelente. Quantos tiveram ministérios grandiosos, chegaram ao auge, mas acabaram em desgraça e totalmente afastados da presença de Deus? O início é importante, mas o final é o que importa!

Isso também vale para as lutas. Quando somos guiados pelo Senhor, até podemos começar sofrendo, mas o final será glorioso. Não é fácil passar pelos processos. Às vezes, eles demoram mais do que esperávamos. No meu caso, sofri por uma década! A perseverança nos fará mais que vencedores. Se passarmos por tudo isso com os joelhos dobrados e com Cristo ao nosso lado, Ele nos honrará.

> Deus que não precisa mandar recado nem ofício para vencer as batalhas.

É preciso perseverar nos momentos de dificuldade e reconhecer que servimos a um Deus que anda lado a lado e fala diretamente conosco. Mesmo em meio às lágrimas, devemos continuar firmes, de joelhos dobrados e ouvidos atentos para o que Ele tem a nos dizer. Mesmo que tudo pareça perdido, lembre-se de que o Deus dos crentes é o Deus do impossível!

Ouça a voz de DEUS!

Talvez você esteja se sentindo cansado diante de uma luta, mas veja o quanto já caminhou desde que começou! Quem sabe, o seu início tenha sido extraordinário e agora você precisa perseverar no Senhor para que seu fim seja tão bom quanto o começo. De qualquer forma, dobre os seus joelhos e apresente tudo a Deus. Escute ***Lado a lado*** e seja encorajado por essa palavra.

Aponte a câmera do seu celular para este QR Code e ouça a música ***Lado a lado***. Deus vai falar ainda mais ao seu coração.

Minha oração

Minhas notas

49

SOU TEU DEUS

Então Deus lhe abriu os olhos, e ela viu um poço de água. E, indo até o poço, encheu o odre de água, e deu de beber ao menino.

GÊNESIS 21:19

SOU TEU DEUS

Filho, hoje Eu vim aqui, quero lhe falar
Enxugue teus olhos, pare de chorar
Me entenda

A tua prova, filho, já está chegando ao fim
Pode contar comigo, filho
Eu vou agir, me entenda

Eu vi você chorando, filho, pela madrugada
Coração ferido, de alma angustiada
Dizendo: "Meu Deus se esqueceu de mim"

Se passares pelo fogo, você não vai se queimar
Se passares pelas águas, você não vai se afogar
Se pisares nos espinhos, Eu contigo vou pisar

Jamais vou te abandonar
Se acaso no deserto você se encontrar
Já mandei um anjo forte para sua sede saciar

Sou teu Pai, sou teu Amigo
Não lhe deixo no perigo
estou aqui para te ajudar

Sou quem te guardo, sou quem te livro
Sou quem te ajudo, te faz caminhar
Eu sou teu Deus, sou também teu Escudo
Meu nome é Jeová.

Com letra de Rick e Renan, *Sou teu Deus* faz parte do álbum *Cântico de vitória*, que foi lançado pela gravadora Louvor Eterno, em 2005.

PROVISÃO DO ALTO

Sou teu Deus é mais um cântico que representa o Senhor falando conosco. Como citamos em *Lado a Lado*, Ele não é de mandar recado, mas fala diretamente com os Seus filhos das mais diversas formas. Seja por meio de um texto bíblico, enquanto fazemos nosso devocional diário, uma profecia entregue por um irmão em Cristo, uma convicção que sentimos ao orar apresentando petições a Ele ou na letra de uma canção.

Nosso Pai jamais nos desampara. Ele observa com cuidado tudo o que estamos passando. Ele vê as lágrimas que vertemos nas madrugadas, cansados de tanta humilhação ou incerteza, com o coração ferido e a alma angustiada. Mesmo sabendo que a perseverança é o caminho para a vitória, somos seres falhos e por vezes nos esgotamos a ponto de crer que o Senhor não está mais conosco nem se importa com a nossa dor.

Em momentos assim, cânticos como *Sou teu Deus* chegam para nos lembrar sobre quem é o Senhor a quem servimos. Ele está conosco em todos os momentos, seja em meio ao fogo, enfrentando uma tempestade ou pisando em espinhos. Aqui o Senhor é representado pedindo compreensão: "Me entenda!". Muitas vezes queremos que Ele trabalhe no nosso tempo e do nosso jeito, mas só Deus sabe quando e como agir.

Quando Agar foi para o deserto com o seu filho levando apenas um pouco de pão e um odre de água, o desespero a assolou. A Bíblia diz que "Ela saiu, andando sem rumo pelo deserto de Berseba" (GÊNESIS 21:14), provavelmente frustrada por ter sofrido tanta injustiça e não querer ver seu filho morrer. Quando ela clamou, o Anjo de Deus apareceu com uma grande promessa e lhes mostrou um poço de água.

Nosso Pai jamais nos desampara. Ele observa com cuidado tudo o que estamos passando.

Nem sempre entendemos os caminhos de Deus ou somos poupados de certos sofrimentos, mas podemos confiar que Ele faz o impossível por Seus filhos. Mesmo se estivermos em meio ao deserto, Ele está ouvindo o nosso clamor e não nos deixará padecer de dores maiores do que podemos suportar. Deus está ao nosso lado quando passamos por perigos e faz fontes surgirem em meio aos desertos para nos saciar!

Fortaleça-se no SENHOR!

Acesse o QR Code abaixo para ouvir *Sou teu Deus* e medite nessa letra. Permita que o Senhor fale com você e lembre-se de que, da mesma forma que Ele enviou um anjo para socorrer Agar e Ismael no deserto, você também será amparado em suas lutas. Peça que o Espírito Santo fortaleça a sua fé e abra os seus olhos espirituais, a fim de que você enxergue o Senhor trabalhando em seu favor.

Aponte a câmera do seu celular para este QR Code e ouça a música ***Sou teu Deus***. Deus vai falar ainda mais ao seu coração.

Minha oração

Minhas notas

O RELÓGIO

50

Estejam também
vocês preparados,
porque o Filho
do Homem virá
à hora em que vocês
menos esperam.

LUCAS 12:40

O RELÓGIO

O relógio na parede marca as horas sem parar
E os minutos tão depressa estão passando
O girar dos seus ponteiros
mostra o tempo que passou
E os segundos estão mostrando
que Jesus está voltando

Seu tique-taque é como uma voz,
faz-me o tempo entender
Que Jesus está chegando e ao céu vai me receber
Como está o seu relógio? Bate forte, pode ouvir?
Ó, não deixe ele atrasado ou parado de uma vez

E o relógio na parede bate forte ao me avisar
Que as horas e os minutos vão embora sem voltar
O que resta? Alguns segundos
Não, não deixe ele parar, pois a hora está chegando
Jesus Cristo voltará!

Com letra de Tony e Tito, *O relógio* faz parte do álbum *Varão de Branco*, que foi lançado pela gravadora Louvor Eterno, em 1997.

JESUS ESTÁ VOLTANDO

Esse cântico é muito atual e relevante. Aqui falamos sobre o arrebatamento da Igreja a partir da perspectiva do relógio que mostra o tempo que passou e os segundos que seguem sem parar. Isso nos desperta para a urgência de que Jesus está voltando. Embora outros temas sejam abordados pelos louvores atuais, esse continua essencial.

Antigamente, gravávamos cânticos sobre o arrebatamento, e muitos criam que o tom era alarmista demais, mas quando olhamos para a sociedade hoje, vemos mais do que nunca que de fato estamos vivendo nos últimos dias. A imoralidade e o crime aumentaram, há guerra e destruição em muitos lugares, a natureza tem sofrido e "...toda a criação a um só tempo geme e suporta angústias até agora" (ROMANOS 8:22).

Em meio a tudo isso, *O relógio* chega nos inquirindo, como se questionasse se estamos atentos a tudo o que está acontecendo ao nosso redor e como temos nos preparado para a volta de Cristo, que é iminente. Como está o seu relógio? Você tem ouvido os ponteiros marcando que o tempo está passando, ou já deixou de se preocupar a ponto de nem sequer olhar mais para ele, permitindo que fique atrasado ou parado?

Aqui nossa ignorância e displicência são representadas dessa forma poética, lembrando-nos de que mesmo que deixemos de cuidar do relógio e rejeitemos a informação que ele nos dá, o tempo continua passando e Jesus voltará. Essa é uma verdade inevitável. E como temos nos portado em relação a ela? Estamos atentos ao tique-taque que anuncia a gloriosa volta de Cristo, ou distraídos com coisas terrenas?

> Estamos atentos ao tique-taque que anuncia a gloriosa volta de Cristo, ou distraídos com coisas terrenas?

Essa discussão sobre o tempo também me faz lembrar de que não é possível voltar e mudar o passado. Talvez tenhamos sido displicentes em nossa vida cristã, mas enquanto o fim não chega, ainda podemos nos arrepender e agir de forma diferente a partir de agora. Que em nossa caminhada enquanto filhos de Deus, possamos estar constantemente atentos ao relógio que anuncia a volta do Salvador!

Desperta-me, SENHOR!

Como cristãos, precisamos estar sempre atentos para o fato de que aqui não é o nosso lar. Pertencemos ao céu e o nosso Salvador pode voltar a qualquer momento para nos buscar. Porém, só levará com Ele aqueles que são verdadeiramente filhos de Deus. Ore pedindo para que o Senhor o desperte para essa realidade. Escute ***O relógio*** para guiar seu momento devocional e medite nessa poderosa letra.

Aponte a câmera do seu celular para este QR Code e ouça a música ***O relógio***. Deus vai falar ainda mais ao seu coração.

Minha oração

Minhas notas

COMPANHEIRO

51

Vaidade de vaidades,
diz o Pregador.
Vaidade de vaidades!
Tudo é vaidade.

ECLESIASTES 1:2

COMPANHEIRO

Deus companheiro,
Amigo fiel e verdadeiro, aqui estou
Tanto tempo caminhamos juntos
Nesta longa estrada que um dia me mostrou

Deus, hoje me lembro alguns momentos que passei
Horas amargas, eu confesso que chorei
Não me abandonou

Deus, foi tão difícil alguns passos no caminho
Tanta pedra, tanto espinho
Mas vieste me ajudar

Deus, sem Tua presença
não sou nada em minha vida
Sou como a história já contada e esquecida
Sou andorinha no inverno sem verão

Deus, sem Tua graça eu sou chuva passageira
Sou terra seca, não tem vida, é só poeira
Eu não sou nada, Deus, sou apenas ilusão.

Com letra de Tony e Tito, *Companheiro* faz parte do álbum *Ano 2000*, que foi lançado pela gravadora Louvor Eterno, em 1999.

JESUS, O FIEL COMPANHEIRO

Esse cântico é muito lindo, eu o amo demais. É um sertanejo bem raiz e traz uma oração de intimidade em que Deus é apresentado como esse grande Companheiro e Amigo fiel, que há muito tempo caminha conosco. É a oração de alguém que já tem uma caminhada com o Senhor e é conhecido por Ele. Uma canção que aponta, de forma poética, para a estrada que Ele mostrou: a salvação, a vida eterna, o caminho do evangelho.

Sempre interpreto as palavras de *Companheiro* no sentido ministerial, embora elas também pudessem se aplicar à minha vida como um todo. Nesses 40 anos em que sirvo a Deus como cantora, já passei por muitas pedras, espinhos, horas amargas e solitárias dentro de aviões ou hotéis, e cheguei a chorar em muitas dessas ocasiões, mas Ele sempre esteve ao meu lado.

Muitas pessoas podem pensar que é estranho sentir-se sozinha quando uma multidão aguarda para lhe ouvir, mas quando tudo isso acaba, o único que verdadeiramente fica conosco é o Senhor. Ele é o fiel Companheiro e Amigo que dá, sem querer nada em troca. Como essa letra afirma, sem Ele, somos apenas história contada e esquecida, ou seja, até mesmo o nosso legado, que consideramos tão importante enquanto seres humanos, não é nada se não tivermos o nosso Salvador conosco.

Aqui somos convidados a reconhecer que tudo isso é ilusão. Conforme Deus nos guia no caminho e vamos vencendo as batalhas, podemos cair no erro de pensar que somos bons, capazes, incríveis, mas esse sentimento é ilusório. As grandes conquistas acontecem apesar de nós, pois não somos nada sem o Senhor. Sem a graça divina, somos andorinha sem verão, chuva passageira, terra seca e sem vida.

Não adianta ganharmos o mundo se não tivermos vida eterna e reconhecermos que, sem Cristo, não somos nada.

Em sua maturidade, Salomão, o rei mais sábio e rico de Israel, declarou que "tudo é vaidade" (ECLESIASTES 1:2). De certa forma, creio que esse cântico nos leva a reconhecer a mesma coisa: não importa quão longe você chegue, se não estiver com Deus, todo ganho será perda e ilusão. Não adianta ganharmos o mundo se não tivermos vida eterna e reconhecermos que, sem Cristo, não somos nada.

Reconhecimento e GRATIDÃO

Escute ***Companheiro***, medite na letra desse cântico e o apresente como uma oração ao Senhor, uma verdadeira conversa de gratidão entre amigos. Declare o quanto você reconhece que Ele o ajudou em meio às dificuldades da vida, e como você é grato por ter um Pai tão misericordioso que está sempre ao seu lado. Reconheça que, sem Deus, não somos nada. Peça discernimento para valorizar o que Ele tem feito por você.

Aponte a câmera do seu celular para este QR Code e ouça a música ***Companheiro***. Deus vai falar ainda mais ao seu coração.

Minha oração

Minhas notas

52

VOCÊ VAI VENCER

Em todas estas coisas, porém, somos mais que vencedores, por meio daquele que nos amou.

ROMANOS 8:37

VOCÊ VAI VENCER

No Getsêmani vi a história da humanidade
Chorei, suei, gotas de sangue
Até pedi ao meu Pai: "Passa de mim este cálice
Mas se possível não for, faça a Tua vontade"

Eu vi o homem andando sem rumo
Sem esperança, sem fé, sem amor
E me entreguei para morrer numa cruz
Para ser seu Salvador

Agora prossiga, o caminho está livre
Abri esta porta para você passar
Quebrei as cadeias, tirei as barreiras
Você tem minha bênção

Paguei este preço com o meu próprio sangue
Morri numa cruz só para você viver
Agora estou vivo para dar garantia
Que você vai vencer.

Com letra de Ezequiel Matos, *Você vai vencer* faz parte do álbum *Melhores momentos (Vol. 1)*, que foi lançado pela gravadora Louvor Eterno, em 2000.

MAIS QUE VENCEDORES

Você vai vencer é um cântico que representa Jesus falando conosco e pregando o evangelho. Na época do lançamento, fizemos um videoclipe simples que foi gravado em Curitiba. Creio que ainda pode ser encontrado na internet. Uma das cenas mostra um senhor em situação de rua, representando justamente o que descrevemos na segunda estrofe: a humanidade andando sem rumo, fé ou esperança.

É assim que Cristo nos enxergou antes de Seu sacrifício: perdidos e sem ter para onde ir. Isso é o que o pecado faz conosco. Mas Ele se compadeceu e veio morrer em nosso lugar. Esse sacrifício não ocorreu de forma fácil, sabemos que Jesus chegou a suar gotas de sangue, fenômeno que pode acontecer quando alguém está sob grande estresse e extrema angústia. Ele sofreu tudo isso por nós.

No Getsêmani, lugar para onde Cristo foi com Seus discípulos orar, já sabendo que era chegada a hora de cumprir Sua missão, Ele também nos ensinou sobre obediência. Jesus pediu ao Pai que, se possível, o livrasse de tanto sofrimento. Entretanto, ao ver a história desde o início, do pecado de Adão até aquele momento, sabia que não havia alternativa e, então, desejou que a vontade do Pai, sempre absoluta e perfeita, fosse feita.

Que grande amor e submissão! O Filho de Deus, Rei dos reis e Senhor dos senhores, deixou um trono de glória para humilhar-se em nosso favor e obedientemente sofreu dores que não pertenciam a Ele, cumprindo uma antiga profecia: "Ele foi oprimido e humilhado, mas não abriu a boca. Como cordeiro foi levado ao matadouro e, como ovelha muda diante dos seus tosquiadores, ele não abriu a boca" (ISAÍAS 53:7).

Por meio de tanto sofrimento, a porta da salvação foi aberta e o caminho para a vida eterna tornou-se acessível a todos, mesmo para o pior dos pecadores. Essa letra representa Jesus nos apontando justamente para esse fato. Ele já pagou o preço, quebrou as cadeias, tirou qualquer barreira e agora está vivo e sentado à direita do Pai. Porque Ele venceu, nós também seremos mais que vencedores!

O Filho de Deus deixou um trono de glória para humilhar-se em nosso favor e obedientemente sofreu dores que não pertenciam a Ele.

Agradeça pela CRUZ

Jesus deu a vida por nós e verteu Seu precioso sangue para que tivéssemos acesso à vida eterna. Agradeça por isso hoje enquanto medita na letra de *Você vai vencer* e reserva um momento para orar. Escute o Senhor falando ao seu coração e creia que, porque Cristo vive, você também já é mais que vencedor e enfrentará com coragem e ousadia as batalhas que atravessarem o seu caminho.

Aponte a câmera do seu celular para este QR Code e ouça a música ***Você vai vencer***. Deus vai falar ainda mais ao seu coração.

Minha oração

Minhas notas

Eu adorarei
ao Deus da minha vida
Que tanto me amou,
sem nenhuma explicação